脳が忘れない英語の超勉強法

16万人の脳画像を
見てきた脳医学者が
自ら実践！

Never Forget !
Ultimate English Study Methods

東北大学加齢医学研究所教授
医師・医学博士
瀧 靖之

青春出版社

「脳のしくみ」がわかれば、英語の勉強法はこれしかない！

英語を身につけたい、でも学生時代のようなつらい勉強はしたくない――この本は、そんなふうに考えている大人のために書いたものです。

「仕事で英語の習得を迫られている」「ツアー旅行ではなくフリーで海外旅行を楽しみたい」などなど、英語をやり直したいという方々のために、最新の脳医学の成果も参考にして、従来とは違ったアプローチで英語の勉強法をまとめました。

その効果は、私自身が証明しています。恥ずかしい話なのですが、30歳ごろまで私の英語は本当にひどいものでした。医学部卒業ということでさぞかし英語が得意だったのだろうと思われるかもしれませんが、そうではありません。本当に人並み以下のレベルだったのです。

高校まで北海道の田舎で過ごしてきた私は、英語の読み書きはそこそこできていましたが、聴き取りや会話になるとまったく歯が立ちませんでした。しかし、今の時代に求められる英語能力は、まさに聴き取りや会話がメインです。それができなくては、外国人とコミュニケーションがとれません。実際に、相手の話す英語がわからずに、私は恥ずかしい思いや悔しい体験をしてきました。

効率的な学び方の秘訣は脳に聞け！

大人のための英語の本や教材はいろいろと出版されていますが、その多くは中学英語の文法のやり直しのようなもの。もちろん、そうしたことに意味がないとはいいませんが、私を含めた日本人の英語の問題は、それでは解決できそうにありません。

そこで、私は専門である脳医学の知識をベースにして、「大人の脳に合った学び方」を考えました。詳しい勉強法については本文で説明していきますが、とくに大事なことは次の２つです。

１．英語に親しみや好奇心を持つこと

２．脳のしくみや働きに合った勉強をすること

英語を身につけようとしたら、何より楽しい気持ちで学ぶことです。現に、好きな趣味ならば、時間が経つのも忘れて没頭し、どんどん頭に入ってくるでしょう。英語も、そうした趣味の一つにしてしまおうというのが、１つめのポイントです。

そして、脳のしくみや働きを知って、それを利用しようというのが２つめのポイント。なかでも重要なのは、脳の「相手の真似をしたがる」性質です。この性質を大いに活用することで、効率よく英語を身につけることができるのです。

英語圏で育ったわけではなく、英語習得にさんざん苦労した

私だからこそたどり着いた英語の「超」勉強法のコツを、本文では惜しみなく紹介していきましょう。

英語ができると、嬉しいおまけがついてくる！

英語は、人と人をつなぐコミュニケーションツールです。英語ができるようになれば、世界中の何十億という人を相手にしてコミュニケーションが可能になることを意味します。

そこには、さまざまな国で生まれ育ち、考え方も生き方も違う人がたくさんいます。自分が知らなかった新鮮な考え方を知ることができますし、人脈もケタ違いに広がっていきます。

私自身も英語ができるようになって、多くの外国人と気軽にコミュニケーションができるようなり、世界がすっかり変わった気がします。こんなに素晴らしいコミュニケーションツールはほかに思い当たりません。

なかには、会社から言われていやいや英語を勉強している人もいるでしょう。しかし、英語ほど人生を豊かにしてくれるものはありません。その習得のために会社がバックアップしてくれるとは、なんとありがたいことなのだろうと思いませんか。

この本を読んで、1人でも多くの方に英語の楽しさに目覚めていただき、ご自分の世界を広げるためのお役に立てれば、著者としてこれほど嬉しいことはありません。

Contents

Chapter 2

英語は「真似したがる脳」で上達する！

脳のしくみを活かすヒント

Chapter 3

脳が忘れない！
英語の「超」勉強法

最速で最大の成果を上げる!

Chapter 4

英語で脳が若返る！
人生がもっと楽しくなる！

英語を学び続けることのメリット

本文イラスト…富永三紗子
本文デザイン…青木佐和子
編集協力…………二村高史

Chapter 1

大人のやり直し英語にはコツがある

脳医学者がたどり着いた効率のいい方法

30歳を過ぎてから、本気で英語をモノにしようと決意

英語が上手になりたいと思って、私が本気になって取り組んだのは、32〜33歳のときでした。

もちろん、中学生のときから学校で英語を習ってきましたし、大学は医学部に入りました。さぞかし英語が得意だったのだろうと思われるかもしれませんが、そんなことはありません。それどころか、まったくの謙遜抜きで人並み以下のレベルだったのです。

たしかに、大学入試で英語を勉強しましたから、ある程度英文は読めました。ところが聴き取りや会話になると、からっきしダメだったのです。

忘れられない衝撃の体験が、医学部3年生のときにありました。教養科目で医学英語という授業があって、ネイティブの先生が医学分野を中心にした英語を教えてくれるのです。

ところが、ネイティブの先生の言うことがほとんど聴き取れないのです。何よりもショックだったのは、先生が笑顔になって何かひと言ふた言口にすると、私以外の学生のほぼ全員がどっと笑うことでした。おそらく、先生はおもしろい冗談を言っ

たのでしょう。一人取り残された私は、切なさでいっぱいでした。

私は旭川という北海道の片田舎で育っているので、もちろん高校の英語の先生は日本人で、その発音はいわゆるカタカナ英語でした。当時は周囲に外国人はいませんでしたし、ましてや実際に英語で話す機会は当然ありませんでした。ネイティブの発音を聞く機会がなかったので、大学の授業でいきなり本物の英語を耳にして、まさにカルチャーショックを受けたわけです。

さらに、決定的な体験をしたのが30歳のときでした。結婚したばかりの妻とともにハワイに行き、ワイキキで観光用のトロリーバスに乗ろうとしたときのことです。バスの乗り場に行くと、大柄な男性の係員が近づいてきて「ヤロー？　オレー？」と声をかけてくるではありませんか。

何を言っているのかわからず、きょとんとしていると、「ヤロー？　ヤロー？」とたたみかけてくる。これには困り果てました。

あとでわかったのですが、ワイキキのトロリーバスは路線によって色分けされているため、どの路線に乗るのかを聞かれたのだと思います。たぶん、黄色の路線に乗るか赤の路線に乗るかで、「Yellow or red ?」と言われたのでしょうが、それがまったくわかりませんでした。「yellow」が「ヤロー」としか聞こえないのです。

英語がしゃべれる人からしたら当たり前だったでしょうが、当時の私は、「yellow」といえばカタカナの「イエロー」という発音しか聞いたことがなかったのです。

困った私は、もしかしたら「years old」のことかもしれないと思い、自分の年齢を答えました。すると、相手は「はあ？何を言っているんだ」という顔をするばかり。今思い出しただけでも、顔から火が出そうな体験です。

「これは本当にマズい。なんとかしないといけない」と、さすがの私も危機感を抱きました。そして、本気で英語に取り組まなくてはいけないと一念発起したのです。

脳が変化すれば、勉強の仕方も変わる

こうして私は30歳を過ぎてから、英語を習得しようと思い立ちました。

この本を手にとったみなさんも、30歳、いや50歳、60歳を過ぎてから、しっかり英語を身につけたいと考えている方も多いことでしょう。

では、どのようにすれば、30歳を過ぎても、あるいは中高年になっても英語が上達するのでしょうか。

中学生の教科書からやり直すのがいいのでしょうか？

私は、そうは考えませんでした。脳医学者として長年脳について研究を重ね、16万人の脳画像を見てきた経験をもとに、大人には大人に適した英語習得法があるのではないかと考えたのです。

「彼（敵）を知り己を知れば百戦殆《あや》うからず」（孫子）といいますが、これは英語を学ぶときにもあてはまります。英語という相手を知る前に、まず自分自身の脳の働きや性質をよく理解することが欠かせません。

ところで、英語を学ぼうとお話しすると、「もう若くないから無理」「記憶力が落ちている」と言う人がいます。たしかに、私たちのさまざまな認知能力というのは年を重ねるにつれて衰えていき、そうした認知能力の一つに記憶力があります。

ここで少し、脳の神経細胞と加齢について説明しましょう。

脳には、一説には1000億～2000億個もの神経細胞があるといわれています。この神経細胞というものは、一部を除いて生まれてから増えることがありません。むしろ、20代ごろからどんどん減少していきます。

それだけを聞くと、どんどん脳が衰えていくだけに感じられますが、そうではありません。大切なのは、神経細胞の数ではないのです。単に神経細胞があるだけでは、脳は働かないからです。

本当に大事なのは、脳の神経細胞同士のネットワークです。

私たちが何か新しいことを学ぶと、そのたびに神経細胞からは「樹状突起《じゅじょうとっき》」と呼ばれる触手のようなものが伸びて、周辺の神経細胞とつながります。そうして新しい情報伝達の回路ができ、情報のやりとりがされるようになるのです。

１つの神経細胞からは、何万もの樹状突起が出て周囲の神経細胞と結ばれていきますから、私たちが学べば学ぶほど情報伝達のネットワークが密になり、高度な情報処理ができるようになるわけです。

ですから、たとえ加齢によって神経細胞の数自体が減っても、学びを続けていればそれを補ってあまりある結果がもたらされるのです。

脳はいくつになっても変わる力を秘めている

さまざまな脳研究の成果により、脳を使うことで神経細胞のネットワークが密になるだけでなく、特定の領域では神経細胞そのものの数も増えることがわかってきました。その領域というのが、海馬《かいば》という重要な器官です。前の項では、脳の神経細胞について、「一部を除いて生まれてから増えることがありません」と書きましたが、その「一部」にあたるのが、この海馬のことです。

海馬というのはおかしな名前に聞こえますが、そのまま英語にすると「sea horse」で、これは海に棲むタツノオトシゴのことです。海馬の形が、タツノオトシゴに似ていることから、こう名付けられたのです。

海馬の機能は記憶と深く関係しており、外から入ってきた情報を一時的に記憶すると同時に、その記憶を残しておいたほうがよいか、消してもよいかを判断する働きをします。つまり、記憶を整理するわけです。

この海馬の神経細胞が、学習をすることによって大人になっても増えていくということは、1998年にアメリカの研究チームによって明らかにされました。

それだけではありません。21世紀に入ると、学習によって大人でも脳の体積が増えるということがわかってきたのです。それまで、脳は青年期になっていったん完成すると、海馬以外の部分は形が変化しないといわれてきました。変わるとしても、加齢や病気で萎縮《いしゅく》した場合だけと考えられてきたのです。

ところが、大人になってからも学習を続けていけば、神経細胞同士をつなぐ回路が密になって、脳の体積を増やし、さまざまな能力を獲得することができると示されたのです。このように外部からの刺激や作用で、脳の体積や脳回路が変化することを脳の「可《か》塑《そ》性《せい》」(plasticity) と呼んでいます。

海馬の中で新たに神経細胞がつくられていることに加え、脳に可塑性が備わっているということは、何歳からでも努力をすれば、どんどん伸びる可能性があることを示しています。大人になって英語を学び直そうとしている私たちにとって、大きく勇気づけられる事実ではありませんか。

もちろん、脳の可塑性は子どものころのほうが高いのは確かです。英語の学習や楽器の演奏をみれば、幼児期に学べば、伸びが早いということはどなたもおわかりでしょう。

では、30歳、50歳、80歳では手遅れかといえば、そんなことはまったくありません。それぞれの年齢相応に脳の可塑性があるからです。

30歳でも50歳でも、それなりに頑張れば、英語を必ず自分のものにできます。80歳であっても、本気で頑張れば十分に身につけることができるのです。

もしあなたが、プロのピアニストになりたいとか、ネイティブとまったく同様に英語をしゃべりたいというのならば、それは少し難しいかもしれません。でも、セミプロ級のピアニストになることは可能ですし、英語で外国人とコミュニケーションをとることは間違いなくできるようになります。

脳は使えば使うほど活性化する

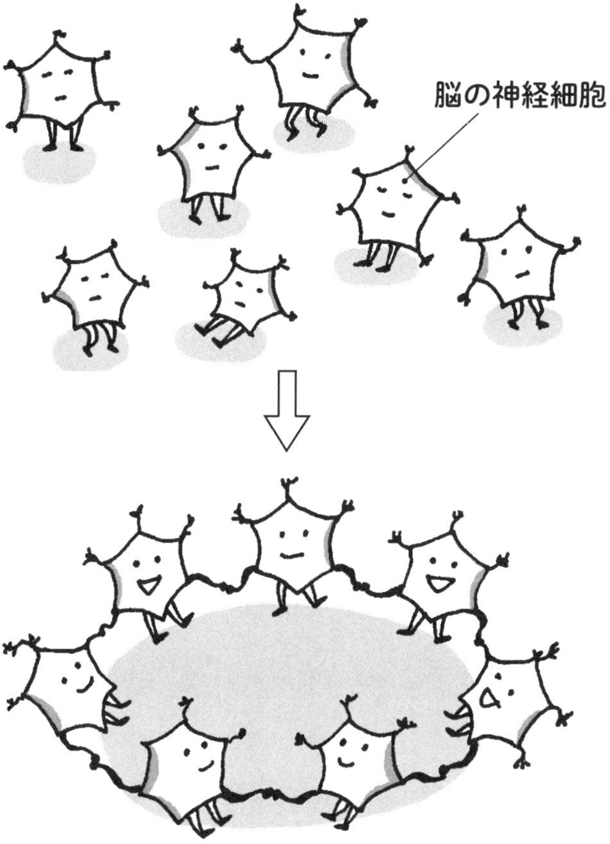

学習すると神経細胞同士のネットワークが密になる！

英語は“勉強”しないほうが身につく!?

若者にくらべて大人は、脳の可塑性がやや落ちるとはいえ、人生経験という点では優れています。大人の脳の働きは、中学生や高校生とは少し違っていると考えたほうがいいでしょう。ですから、中高生と同じようなやり方で英語を勉強するのは得策ではありません。大人には大人に適したやり方があるのです。

もちろん、中高生と同じやり方が合っているという人もいるでしょう。しかし、限られた時間なのですから、効率よく学習できる可能性があるほうを選んだほうがいいように思います。ここからは、大多数の大人にとって、もっとも効率のよいやり方を紹介していきましょう。

先に結論をいうと、大人の英語にとってもっとも重要なのは、「勉強しよう！」と思うのではなく、「楽しみながら続ける」ことです。

とはいえ、長年しみついた「英語＝苦しいもの、難しいもの」という意識は、すぐにはぬぐえないかもしれません。そこで、実際に英語に取りかかる前に、英語に対する意識改革をしてみましょう。意識改革というと大げさですが、ちょっとした心構えをしておくのです。

とくに大人の英語習得のポイントとして、私が強調したいのは次の3つの点です。

①英語に対して親しみ（ファミリアリティ）を持つ
②英語に対して好奇心（興味、関心）を持つ
③英語をマスターする目標を持つ（マインドセット）

以下この3つのポイントについて、それぞれどうすればよいのか、詳しく説明していきましょう。

1 英語に対して親しみ（ファミリアリティ）を持つ

子どもでも大人でもそうですが、記憶と感情には密接な相関関係があります。どなたも経験的に理解できるかと思いますが、楽しい思い出はいつまでも心に残り、嫌なことはいつのまにか忘れてしまいます。これは、嫌なことは早く忘れたいという人間の生存本能なのかもしれません。

このことは、脳医学的にも理屈に合っています。脳内には「情動の中枢」といわれる「扁桃体《へんとうたい》」と呼ばれる直径わずか1センチほどの小さな器官があり、外から入ってきた情報に対し

て、「快・不快、好き・嫌い、おもしろい・つまらない」などの仕分けをしています。この扁桃体で、「おもしろい、楽しい、好き」と判断されると、快感ややる気を生み出す神経伝達物質ドーパミンが分泌され、脳を刺激して活性化してくれます。

実は、この扁桃体のある場所というのが、先ほど説明した「記憶の中枢」である海馬のすぐ近くなのです。さらに、扁桃体と海馬とが密接に関係し合って、感情と記憶に密接な相関があるという研究が数多く報告されています。

ですから、楽しい思い出が、いつまでも心に残っていくのも、扁桃体と海馬との協力関係があるためと考えられています。そして、楽しければ楽しいほどよく記憶に定着し、いやいや勉強してもなかなか記憶できないというわけです。

つまり、英語をしっかりと身につけたければ、「快」の感情を持って楽しく英語に接することで、より効果が高くなるということです。

英語と聞くと、中学や高校時代の苦手意識を思い出す人がいるかもしれませんが、いつまでも苦手意識を引きずっていても、いいことはありません。

学生時代に英語の点数が悪かったとか、偏差値が低かったというのは関係ありません。大人が学ぶ英語は、まったく別のものなのです。

感情と記憶は結びつきが強い

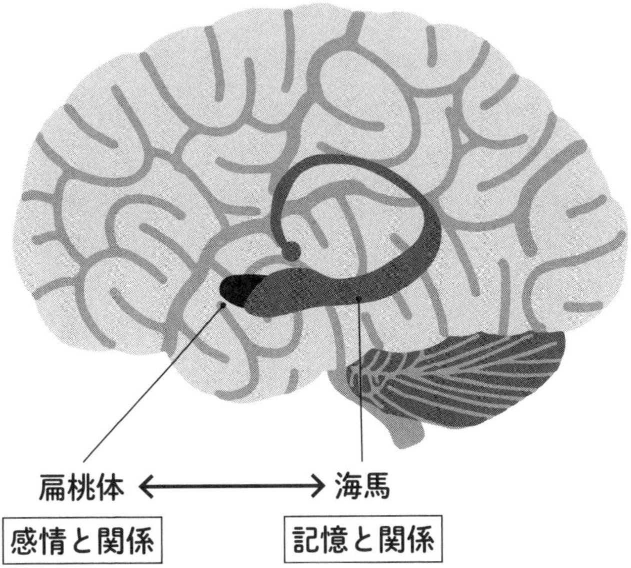

扁桃体が刺激されると海馬に影響を与え、
記憶に残りやすくなる

2 英語に対して好奇心（興味、関心）を持つ

「好きこそものの上手なれ」という言葉があります。好きなことは頑張らなくても覚えることができ、そうでないことはなかなか身につきません。

それは子ども時代を振り返ってみればわかるでしょう。たとえば、鉄道が好きだった子は誰が教えなくても駅名を自然と覚えますし、昆虫が好きな子はどんな虫でも遠くから見分けることができます。ところが、親に「勉強をしなさい」とせっつかれると、なかなかやる気が起きず、無理やりやったとしても、なかなか頭に入らないものです。

これは大人でも同じことで、気に入ったことなら素早くできますが、嫌だと思う仕事はなかなかはかどりません。これからもわかるように、英語を身につけたければ、「本当は嫌だけど、頑張って英語を勉強しなくちゃいけない！」などとは思わないことです。そうではなくて、英語に関心を持てるように自分を持っていくことが大切。英語に好奇心が持てるようになれば、たとえ他人からやめろと言われても、やりたくてしかたがなくなるでしょう。そういう域に持っていけばいいのです。

それにはまず、英語を好きになることです。それは無理だと言う人がいるかもしれませんが、そんなことはありません。ど

んな人も、好きな英語の歌の1つや2つはあるでしょうし、好きな外国映画もあるのではないでしょうか。

具体的な方法についてはChapter 2以降で説明していきますが、そうした親しみやすいものを入り口にして、英語の世界に足を踏み入れればいいのです。

英語を習得するからといって、机に向かって本やノートとにらめっこしながら、うんうんうなる必要はありません。そう、子ども時代の鉄道や昆虫のように、英語を趣味にすればいいのです。それができれば、大きな苦労もなく頭に入ってくるはずです。

英語が趣味になれば、「この歌はなんと言っているんだろう」「このセリフはどういう意味なんだろう」と、好奇心が湧いて次々に調べたくなるでしょう。そうして知ったことがらは、苦しむことなく身についてくるのです。

よく、東大とか医学部に合格した人を見て、よほど苦労して勉強したんだろうと思っている人は多いかと思います。しかし、私が知る限り、そういう人はゼロとは言いませんが少数派です。では、多くの学生はどうなのかというと、小さいころから勉強に苦労や苦痛を感じていなかったようなのです。

むしろ、新しい知識が学べて自分が賢くなれるものとして、楽しいことだと感じていたように見えます。極端なことをいえば、勉強を趣味の一つと考えていたのではないかと私は思うのです。彼らは常に、「これはどういうことなんだろう？」「なぜこうなるのか？」という好奇心を持っているから、知ることが楽しくてしかたがなかったのでしょう。

大人の英語もまた、趣味として楽しく習得することを目指しましょう。

3 英語をマスターする目標を持つ（マインドセット）

英語を身につけるうえで、何より大切なのが目的意識です。目的意識というと硬く聞こえますが、要するに英語が使えるようになって、自分にどんなよいことがあるのかを想像するのです。

たとえば、「海外旅行で現地の人と深い交流ができる」「日本語でない現地ツアーなどにも参加できる」「Facebookなどで海外の人ともつながれる」「日本にいる外国人のための仕事やボランティアができる」などなど、いろいろあるでしょう。

ほかにも、さまざまなことがあると思います。英語ができるようになった自分を想像して、できる限り、具体的に思い描きましょう。

私はどうだったかというと、外国人とコミュニケーションを

英語をマスターしたら、どんないいことがある？

とりたいというのが第一でした。それによって、世界が無限に広がると思ったのです。そして、確かにそうなりました。まだまだ英語は完璧というにはほど遠いのですが、それでもある程度話せるようになっただけで、いきなり世界が広がったような気がします。

とくに私は趣味が多いので、さまざまな分野のことを英語で調べたり、外国人に聞いたりすることができるようになり、英語が大いに役に立っています。

海外旅行になると、少しであっても英語ができるかできないかで、旅の体験はがらりと変わります。地元の人ばかりの店で買い物ができたり、レストランで地元の人と仲良くなったりというのは、日本人ばかりのツアーでは味わえない醍醐味《だいごみ》です。

私の周辺では、海外でたまたま出会って意気投合した人と、その後、長い付き合いになったという話もよく聞きます。昔は外国で出会った人とは、よくも悪くも一期一会の縁だったのですが、今ではＳＮＳが発達しているので、その後もコミュニケーションがとりやすくなりました。

相手の家族が日本にやってきて、得がたい楽しい思い出ができたとか、新しい仕事につながったという話も聞きます。

英語をひと言も話せなければ、そんなことはありえないでしょう。でも、英語をちょっと習得しただけで、世の中がグッと広がるのです。

海外旅行に行くお金も時間もないというならば、日本国内にいる外国人と仲良くなったり、ボランティア活動をするという道もあります。それはそれで、また楽しい出会いがあるはずです。

自分が楽しいと感じられる目標を１つでも持つことができれば、英語は上達していきます。

テストの「結果」よりも「その先」を考える

英語を身につけようというときに、テストを目標にするのはあまりおすすめできません。たとえば、TOEICの点数を800点以上にするという目標です。

点数が目的となるならば、それは学校の勉強と変わりがなくなってしまいます。英語はあくまでもコミュニケーションの手段なのであって、目的は英語を使ってどんな素敵なことをするのかという点にあります。英語の上達自体を目的にすると楽しくなくなってしまいます。

誤解しないでいただきたいのは、私はTOEICを受けるなと言っているのではありません。TOEICでいい点を取ったそのあとのことを考えるほうが大事だということを言いたいのです。

TOEICなどのテストの点数を目標にするより、その先にある旅行や海外赴任などを目標にしたほうが、英語学習のモチベーションが上がるはずです。そして、おそらくその先に想像もしていなかった人生が広がることでしょう。

テストの勉強というと、どうしてもテキストを使って勉強をする座学が中心になってしまいます。つまり、インプットばかりになりがちです。しかし、本当の英語の習得には、インプットした内容をどこかで誰かに話したり、書いたりといったアウトプットが欠かせません。

この点でいうと、英語の習得は車の運転と似ているかもしれません。

車の免許を取る目的は、通勤に使いたい、海にドライブに行きたい、などがあるでしょう。そのときに、エンジンの構造や燃費といった知識は最低限だけ覚えていればよくて、それよりも大切なのは路上に出て運転が上手になることです。

英語を使いこなすにも、一応、「三単現のｓ」や「現在完了形」といった最低限の座学的な知識は必要です。しかし、ある程度の知識を仕入れたら、あとは実際に使いながらブラッシュアップしていくことが大切です。

机上の知識をどんどん積み上げるだけでは、英語はなかなか上手になりません。これは、どれだけ車の名前を覚えたり、エンジンの仕組みを覚えても運転がうまくならないのと同じことだと思うのです。

ですから、TOEICで800点取るというのを終点にするのではなく、そうして身についた英語を実地で使い、何が得られるのかを考えたほうが生産的ではないでしょうか。

たとえば、海外に赴任してニューヨークで自分がプレゼンしている姿や、旅先で素敵な出会いを楽しんでいる姿を思い浮かべるほうが、ずっと生産的だと思うのです。

なかには、本人が乗り気ではないのに、会社からTOEICを勉強するように指示されている人もいるかもしれません。しかし、拒否できないのであれば、会社に無理強いされていると考えるのではなく、会社がお金を払うことで自分が楽しめるばかりか、将来が素晴らしいものになりうると受け止めればいいのです。

働きながらでも
英語を学ぶ時間はつくれる

「英語をやり直したいのはやまやまだけど、仕事が忙しくて時間がとれない」

そうおっしゃる方もいるでしょう。でも、時間というのはやりくりすれば、いくらでも見つかるものです。

私が本格的に英語に取り組もうと一念発起したのは、東北大学病院の臨床医として勤務していたときのことでした。ですから、正直言ってかなり忙しい時期だったのです。

でも、忙しい、忙しいと言っていても何も進みません。どんなに忙しくても、英語を学ぶ時間をつくろうと私は決意しました。

こういうと偉そうに聞こえますが、当時の私は自分の英語に非常な危機感を持っていましたから、いつまでも先送りにするわけにはいかなかったのです。逆にいえば、それほどまでに追い詰められていたわけです。

前に進むしかないと覚悟を決めれば、働きながらでも英語を学ぶくらいの時間はつくれると、私は自分自身の体験から言うことができます。

現在の私は、仕事柄、会社のトップの方や業績を上げた研究者の方々と知り合う機会があるのですが、みなさんに共通しているのは非常に忙しいということ。それと同時に、教養があって人生を楽しんでもいるのです。

つまり、どう客観的に見て忙しい方でも、どこかで自分の時間をつくって、それが趣味にせよ勉強にせよ、何かしらの努力をしているのだと気づきました。

そんな人のことを見ていると、私たちのような人間が、1日15分くらいの時間がとれないことはありません。通勤時間や出張の合間でもいいですし、少し早起きしてもいいでしょう。

絶対にどこかでとれるはずです。その時間を英語のためにあててみてはいかがでしょうか。

15分程度の隙間時間も、1日に何回もあれば、合わせて30分や1時間になります。「ちりも積もれば山となる」で、隙間の時間も工夫次第でうまく活用することは可能です。

そんな隙間時間を利用して私はどうしていたかといえば、毎日の通勤や出張などの移動中に英語の音声を聴いたり、寝る前に少しだけ時間をとって単語を覚えたりしていました。

オフィスでも家でも英語のニュースを流しっぱなしにして、英語に耳を慣らすという工夫もしました。また、週に1回、英会話学校にも通っていました。仕事と食事と寝ている時間以外は、まさに英語漬けにしたのです。

通勤時間にまで英語を聴くのはゴメンだという人もいるかもしれませんが、英語を勉強だと思うからそう感じるのであって、趣味だと思えばちっとも苦にはなりません。英語を学ぶことで、広い世界が待っていると思うと、少しの時間も惜しいくらいだったのです。

英語に限らず、何かをはじめようとしたら、「忙しい」という言葉を封じること。それが、第一歩だと思います。

英語の習得は公平！
やればやっただけ結果が出る

英語のいいところは、日本人のほとんどの人が同じレベルから出発するという点です。いわゆる帰国子女のような人は別として、幼いころから英語がペラペラの日本人はいません。スタートラインはみな一緒。ある程度の時間と、そこそこの努力と、最低限のお金が必要なだけです。

そう考えると、日本人にとって英語の習得は公平なものといえるでしょう。

なかには、英語が話せる人には天賦《てんぷ》の才能があると思っている人もいるようです。「あの人は生まれつき語学脳が優れているから英語が上手なんだ」「私は頭がよくないから英語は無理」などというグチを聞いたこともあります。

たしかに、有名大学を出て海外でも活躍している人を見ると、そう感じるのも無理はありません。でも、何もしないで自然に英語ができている人などいるわけがなく、第一線で活躍している人に話を聞いてみても、それぞれ苦労して英語を習得したことがわかります。

いわゆる頭がいい人がみな英語ができるのならば、難関である大学医学部を卒業した医者はみな英語が得意なはずです。実際にそう思っている方も多いでしょうが、実をいうとからっきしダメという人が多いのです。私も、一応医学部を出ましたが、前述したように「yellow」が聴き取れなかったほどのレベルでした。

また、身近にはこんな笑い話もあります。

私の仲間が研究室でコンタクトレンズを洗っていたときに、北欧出身で大学に来ていた研究者の女性が部屋に入ってきたのだそうです。そして、彼の様子を見て、にこにこしながら何かを言ったのだとか。

北欧のなまりの英語で聴き取りづらいのもあったそうですが、よく聴いても「ウェロウェロ、ウェロウェロ」としか聞こえないとのこと。

意味がわからなくて聞き直すと、また「ウェロウェロ、ウェロウェロ」。

それでもわからなくて、ゆっくり言ってもらってもダメ。5回ほど聞き直してもわからず、申し訳ない顔をしたところ、相手も申し訳ない顔をして、さらにゆっくり発音をしてくれて、ようやく理解できたのだそうです。

「コンタクトレンズをしていると、自転車に乗ったときに乾かないか？」

そんなしょうもないことを、5回も聞き直したことに、ショックを受けたと言っていました。

医学論文を読んだり学会の発表を聴いたりするのは、難しそうにみえますが、実は専門用語さえ知っていれば、あとは中学生レベルの文法で見当がつきます。難しいのは、むしろ日常会話のほう。どんなことが話題に出てくるのかわからないので、広い分野の単語を知っていなければならないのです。

「語学堪能な人は脳が違う」は本当か

英語の能力が生まれつきのものでないことは、脳医学的にも説明することができます。

脳には言語に関わる部分として、言語野《げんごや》という部分があります（39ページ参照）。

では、この部分の発達は遺伝とどのくらい関係しているのでしょうか。

脳の発達と遺伝との関係については、一卵性双生児を対象にした研究から、かなりのことがわかってきました。

それによると、遺伝の影響をより受けやすいのは、視覚、聴覚、触覚、運動能力などの基本的な認知能力です。こうした能力については、研究にもよりますが遺伝的な影響が８～９割と強く出てきます。ですから、視力や運動神経などは、親子やき

言語に関係する脳の部位

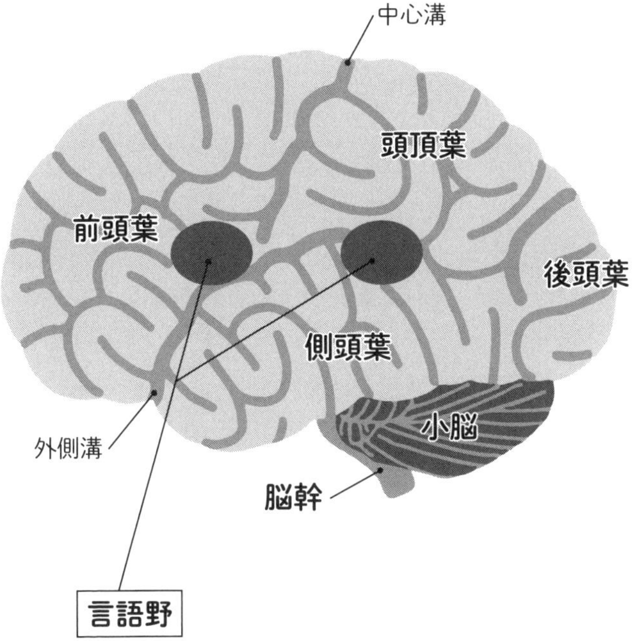

言語のインプット、アウトプットに関係

ょうだいで似たような傾向をもつ可能性が高いのです。
一方、言語野があり、高次認知機能、コミュニケーションをつかさどる前頭葉については、遺伝の影響がおおおそ５～６割に限られていることがわかってきました。つまり、半分程度しか遺伝の影響がないのです。まったく遺伝の影響がないわけではありませんが、努力をすれば十分に伸ばすことができることを意味しています。
つまり、語学の能力は生まれ持った才能ではなくて、自分の努力でどんどん伸ばすことが可能であるというわけです。

遺伝ではなく環境の影響が強いということは、ヨーロッパ大陸に行くとよくわかります。かの地ではドイツ語、フランス語、スペイン語、イタリア語をはじめ、さまざまな言語が話されていますが、興味深いのは国境地帯では、隣り合う地域の言語を含めて、２カ国語、３カ国語を自由に操る人が多いことです。
これを見て、国の真ん中にいる人よりも、国境地帯にいる人のほうが遺伝的に脳の出来がいいと思う人はいないでしょう。住んでいる環境によって何カ国語も話す必要が出てくるため、個人個人が努力した結果と考えるのが自然だと思います。
こうした人たちに対して、私たち日本人のほとんどは、生まれたときから周囲の人がみな日本語を話していますし、日常生活は日本語で不自由しません。外国語に接する環境がなかったために、外国語を習得するのが苦手だと感じてしまうのでしょう。

ですから、「自分は語学脳がないから」などと悲観するのではなく、「楽しく努力すればいくらでも向上する余地がある」とプラスに考えてみましょう。それぞれの個性やこれまでの経験によって、進み方の早い遅いに多少の差はあるかもしれませんが、やればやっただけの結果が出ます。英語ほどフェアな能力はないと私は思っています。

この章のまとめ

☑ 脳は使うことで、何歳からでも変化していくことがわかっている。英語の勉強のやり直しに、遅すぎるということはない。

☑ 大人には、大人の英語勉強法がある。それには脳医学的に見て効率のいい方法を取り入れるのがおすすめ。

☑ 「楽しい」という気持ちで英語に接すると、勉強したものが記憶に残りやすい。

☑ いやいや勉強するのではなく、好奇心を持てるような工夫をする。

☑ 英語を勉強することは「手段」であって「目的」ではない。なぜ英語をマスターしたいのか、目標を具体的に思い描く。

☑ 語学に関係する脳の部位は、遺伝の影響は半分程度。英語は最終的に「やったかやらないか」で差がつく。

Chapter 2

英語は「真似したがる脳」で上達する！

脳のしくみを活かすヒント

脳医学的に見た
英語マスターの最短ルート

何か新しいことを学ぶとき、私たちは模範となる人やモノの真似をすることからはじめます。

今をときめく画家も、陶芸家も、演奏家も、作家も、まったくゼロの状態から創造することはできません。無から有を創り出すことはできないからです。

まずは優れた人の模倣をして基本的な型を身につけてから、やがて自分自身の新しいやり方を導きだしていくわけです。

これは、英語を学習するときも同じことです。最初から英語を話せるという日本人はいません。**まずは模倣からはじめればいい**のです。あとで紹介するように、音楽の歌詞や映画のセリフ、あるいは英会話学校の先生や身近な外国人の話す英語を、どんどん真似ていきましょう。恥ずかしがることはありません。アクセントもイントネーションも、忠実に真似ていくのが第一歩です。

「学ぶ」という日本語は、「まねぶ」という古語に由来しているといわれています。現代語ではまさに「まねる」ことです。「学ぶ」という言葉には、まさにものごとを身につけるときの根本的な思想が込められているといってよいでしょう。

私たち脳医学者から見ても、人の能力の獲得は模倣からはじまるというのが基本的な考え方です。子どもが言語を学習するのも、箸の持ち方をはじめとする社会的マナーを身につけるのも、家族や周囲の人の模倣からはじまります。ですから、模倣というのは子どもにとっても大人にとっても大事なことなのです。

実は、脳というのは、何かを真似することにたけています。興味深いことに、私たち人間を含めた霊長類《れいちょうるい》の脳には、模倣に特化した働きを持つ神経細胞があるのです。

そうした神経細胞のことは、鏡に映すように相手の真似をするという意味を込めて、「ミラーニューロン」と呼ばれています。ただし、ミラーニューロンは単一の神経細胞を指すのではなく、いくつかの脳の領域が関係していると考えられています。

具体的にいうと、前頭葉《ぜんとうよう》にある下《か》前頭回《ぜんとうかい》と運動前《ぜん》野《や》、側頭葉《そくとうよう》と頭頂葉《とうちょうよう》のあいだにある側頭頭頂接合部などの領域が協調して、模倣にかかわっているといわれています。

前頭葉や側頭葉の領域がミラーニューロンにかかわっているというのは、非常に興味深い事実です。というのも、脳の後頭葉《こうとうよう》が聴覚や視覚などの動物的で基本的な認知機能を担っているのに対して、前頭葉や側頭葉というのはどちらかというと高度なコミュケーション能力に関係している領域だからです。

この事実からも、模倣という行為がどれだけ大切な意味を持っているのかがおわかりでしょう。

中学英語からやり直さなくていい

大人になって英語をやり直そうというときに迷うのは、どこから手をつければよいのかということでしょう。

ひと口に英語を身につけるといっても、漠然としていて何をどうすればよいのかわからない人も多いかと思います。

一つの方法として、中学英語からやり直すという人がよくいらっしゃいます。中学校の教科書を読んだり、参考書にある文法事項から復習しようというのです。書店に行ってみると、そうした人を対象にした「やり直し英語」と銘打った本も見かけます。

確かに、そうした方法もありますが、あまり効率的ではないというのが私の考えです。

なぜ大人になって英語を学び直すのか、その目的をもう一度確認してみましょう。それは、単に試験でいい点数を取るためではなく、外国人と話してみたい、海外旅行を楽しみたい、世界を舞台にして仕事をしてみたいというものではありませんでしたか。

つまり、英語をツールとして、さまざまな人とコミュニケーションをしたいということだったはずです。そのために磨くべき能力は、いかに相手の英語を間違いなく聴いて、いかに自分の思っていることを正確に伝えるかという実践的なコミュニケーション力です。

ところが、中学英語をやり直すためにおこなうことは、机に向かって本を読み、文法や単語を一生懸命に覚えることが大半だと思います。いわゆる座学です。それでは、コミュニケーション能力はなかなか向上しません。

もちろん、私は中学英語をすべて否定しているわけではありません。相手と正確にコミュニケーションをとるには、ある程度の文法の知識と単語力が必要です。そうした力が欠けていると感じている人は、一定の時間をとって文法や単語の勉強をすることも必要でしょう。

ただ、あまりそれらにとらわれていると、大切な時間がどんどんとたってしまいます。文法の知識を完璧にしないといけないなどと思っていると、いつまでたっても次に進めません。

コミュニケーションにとって、それよりも大切なのは、聴く力（リスニング）と話す力（スピーキング）です。ですから、読み書きをしている時間があったら、聴いて話す練習をしてほしいのです。文法や単語というのは、座学ではピンとこなくて覚えられなくても、リスニングやスピーキングといった実践をしているうちに身につくことがよくあるものです。
このうちでも、まず力を入れたいのはリスニングです。相手の言うことが理解できなければ、それに対して自分の意見を述べることができないからです。

発音はそのままカタカナで覚える

「リスニングが大切なのはわかるが、これまでそんな勉強をしたことがない。何をどうすればよいのか」
そういう人も多いことでしょう。私もまたリスニングアレルギーといってもよい状態でしたから、どうにかならないものかと悩んでいました。
そんなときに出会ったのが、『英語リスニングのお医者さん』（ジャパンタイムズ）という本です。この本の著者も、当初は私と同じくリスニングが不得手だったそうで、だからこそ日本人が陥りやすいリスニングの問題点が理解できたのでしょう。問題点をいくつかに分類して説明してくれています。
たとえば、母音にはさまれた「t」の音が、アメリカ英語では「ら行」の音に聞こえるというのもその一つ。「water」が「ワラー」と聞こえます。

また、あまり意味を持たない「h」の音は、あいまいな音になり、「know him」は「ノウイム」と聞こえる。さらに、日本人のカタカナ英語についても、「orange juice」は「オレンジジュース」ではなく、「オーレンジュー」と覚えよとしています。

この本に出会ったことで、私は目からうろこが落ちました。もちろん、それまでもカタカナ英語では通じないということはわかっていましたが、ではどうすればいいのか見当がつかなかったからです。

そんなとき、この本は私に、英語の音の聞こえ方のパターンを示してくれました。このパターンさえわかっていれば、ほかの単語にも応用できます。たとえば、「この人はフォロ、フォロと言っているけれども、写真の photo のことを言っているんだな」と見当がつくわけです。

実際に聞こえた発音は、上に示した「オーレンジュー」のように、そのままカタカナで覚えてしまいましょう。英語のつづりにとらわれてしまうと、むしろ発音がおろそかになってしまい、それこそ「オレンジジュース」のような「カタカナ英語」になってしまうからです。

またこの本は、聴いた英語をそのまま真似して口に出す「シャドウイング」というトレーニング方法を教えてくれました。

これは、英語のリズムに慣れるための方法で、意味がわからなくてもいいので、ニュースや歌詞で耳にした２～３分の長さの英語を、すぐあとについて言ってみるというもの。私は、これを何度か繰り返していくうちに、英語のリズムが身につくようになりました。

「真似る」授業で外国語が好きになる

中学英語はほとんどが座学だと言いましたが、そうでないユニークな英語教育をしている中学校も最近は増えてきたようです。

私より少し年上の知人は、当時では珍しかったリスニングとスピーキングに力を入れた教育を、中学時代に受けたそうです。教育の実験校として指定されていた国立の中学校だったため、文部省（当時）のカリキュラムに従わなくてもよかったのだとか。英米に留学経験があり、トレーニングを積んだ英語科の先生方がユニークな教育をしていたといいます。

私がとくに興味深く感じたのが、中学に入学したばかりの1年生の授業です。今と違って小学生で英語に触れていた子は少なかった時代ですから、ほとんどの生徒は英語がはじめて。そこで、1学期は教科書をまったく使うことなく、しかも先生はほとんど日本語を話すことなく、すべての時間をリスニングとスピーキングに費やしていたというのです。

リスニングは、先生の発音を真似ることがほとんどだったとのこと。また、スピーキングといっても会話をするわけではなく、先生が示した単語カードを見て、リスニングで習った発音をするというものだったようです。そんな楽しそうな授業なら、英語嫌いになることもないでしょう。うらやましい限りです。

２、３年生にもなると、さすがに教科書を読むリーディングの比重が増えていったものの、それでもリスニングや発音には力を入れていたと聞きました。

「文法の勉強をあまりやらなかったので、高校での英作文や模擬試験ではひどい点数を取ったこともあった。でも、文法を知らなくても、ある程度の文なら自然に口から出てくるようになった。覚えている基本的な文を少し変えることで、さまざまな場面に対応させられるからだと思う。そこまでたどり着いていたので、遅れていた文法の勉強も、大学入試までには追いつくことができた」

そんな楽しい授業を受けた体験があったからでしょう、語学アレルギーに無縁なその知人は、その後、フランス語、イタリア語、スペイン語、ロシア語、中国語、アラビア語などを習い、海外旅行先で現地の人たちと楽しくやりとりをしている様子をブログなどで公開しています。

運動は脳の「模倣力」と関係している

世界で活躍するサッカーやテニスの日本人アスリートが、流暢《りゅうちょう》な英語を話す場面を、よくテレビで見るようになりました。とくにサッカーでは、ドイツ、スペイン、イタリア、オランダと、各国のリーグを渡り歩く選手になると、インタビューで何カ国語も話しているのを見ます。

そんな光景を見ながら、「スポーツで練習をしながら、語学までマスターしてしまうんだから、大変な苦労があるんだろう」と思う人は多いでしょう。

もちろん、かなりの苦労はあるでしょうが、それだけではないと思います。実は、脳の研究によると、運動がよくできることと語学が堪能であることには関係があるようなのです。

それは、先ほど述べたミラーニューロンの働きに関係していると考えられます。

語学も運動も、もとをたどれば模倣からはじまります。アスリートならば、走るフォーム、投げるフォーム、跳ぶフォームなど、どれをとっても、もともとは真似からはじまります。最小限のエネルギーで最高の結果を出すには、人間工学的に理想の形というのがあり、自己流でいくらやってもまず伸びませんし、伸びてもどこかで頭打ちになってしまいます。上手な人を模倣して基礎をつくり、科学的な分析結果を加えていくことで伸びていくわけです。

そして、模倣が上手にできるかどうかは、運動神経に関係があります。というのも、目や耳から入った情報をもとに、自分が思った通りに体や口を動かせるかどうかは、運動神経の働きにかかわってくるからです。

ですから、運動が得意な人は英会話も得意だということは、けっして不思議なことではありません。つまり、運動能力と模倣力とは関係しているといってよいでしょう。

逆にいえば、アスリートでない人であっても、模倣のトレーニングをすれば、英会話が上手になる可能性が高いということは想像できます。たとえば、サッカーやスキー、ダンスのように、体を動かすことで模倣力が高まり、英語の習得にもいい影響を与えるのではないかということです。このことについて、直接の研究はないかもしれませんが、これまでのさまざまな脳研究の結果を組み合わせて考えると、十分にありうることだといえます。

ここで大事なのは、受け身の立場でただスポーツ中継を見ているのではなく、自分自身も体を動かすことです。ビデオでもインターネットでもいいので、上手な人の体の動かし方や使い方を真似てみましょう。それによって、脳の模倣力がアップしていくはずです。

もちろん、義務感でやるのではなく、あくまでも趣味の一つとして楽しくやることが重要。脳を快の状態におくことで、脳の可塑性が高まるからです。

記憶力アップにも運動が効果的

運動は模倣力アップだけでなく、記憶力アップにも有効です。適度な運動には、記憶の中枢ともいえる海馬の神経細胞の生成を促す効果があり、結果的に加齢による記憶力減退を防ぐ効果があるということがわかっています。

運動といっても、激しいスポーツをする必要はまったくありません。誰にでもできて効果的なのは、ゆっくりした動きで、体内に酸素をたっぷり取り入れる有酸素運動です。脳内の血流がよくなるとともに、脂肪の燃焼を助けることで動脈硬化を防ぐなど、万病の予防につながります。

たとえば、1日30分の散歩をする習慣をつけるだけでも、半年、1年と続けることで大きく違ってくるはずです。若い人ならば、息が弾む程度のちょっとした早歩きを含めてもいいでしょう。

大事なのは、習慣化することです。１回や２回だけでは、あまり効果がありません。週に何回か、天気がいいときだけでもいいので、無理のない範囲でやるのがいいと思います。忙しければ、10分でも20分でもいいので、続けることを心がけましょう。

もちろん、息を止めておこなう激しい筋トレやダッシュのような無酸素運動がいけないというわけではありません。ただ、運動習慣のない人が、いきなり激しい運動をするのは危険です。筋トレをしたければ、ゆっくりと呼吸を整えながらおこなうようにしてください。

その点、ダンスや武道というのは、いいかもしれません。先生を模倣するという要素に加え、呼吸を整えることも重視されますし、体にはほどほどの負荷がかかります。

とくにダンスは、英語を話すときに重要なリズム感が身につくのがメリットです。高低アクセントが使われる日本語と違って、英語の単語は強弱アクセントでリズム感が大切です。だからこそ、ラップによく合うのです。

日本人の英語がどこか平板に感じられるのは、このリズム感がうまくとれないからだと思います。ダンスに限らず、運動にはリズム感が欠かせません。運動をすることで、こうしたリズム感を身につけることができれば、英会話のリズムにもよい影響を及ぼすことでしょう。

音楽が「英語耳」をつくる！

運動だけでなく、音楽の能力もまた模倣力と深い関係があります。楽器の演奏も歌も、運動と同じように、最初はお手本の模倣からはじまるからです。

そして、楽器の演奏の場合は、自分が思ったように腕や手あるいは足を動かせるかどうかが重要ですし、歌の場合は声帯を動かすことが大事になってきますので、音楽と運動神経にも深い関係があることがおわかりでしょう。

事実、アスリートと同様に、世界を股にかける音楽家は外国語がとても上手です。個人差はありますが、同じように世界に出ているはずの医者よりも、ずっとうまく英語を話しているように思います。

さらに音楽についていえば、音楽の上達と英語の上達には、どうも関連があるようなのです。音を聴き取るという点において、語学におけるヒアリングとのあいだに共通点があるからでしょう。

実は、脳の音をつかさどる領域と言語をつかさどる領域は非常に近いところにあり、ほぼ重なっていると考えられています。

ですから、楽器の演奏や歌を歌うことで、言葉の領域にもよい刺激が与えられるのでしょう。

では、どのように上達していくのかを考えてみましょう。

知らない言語を聞いたとき、意味がわからないのは当然ですが、何かムニャムニャ言っているだけで、どこで単語が切れるのかもわからないという経験はどなたにもあると思います。ところが、だんだんと語学が上達するにつれて、子音が聴き取れるようになっていきます。

子音の聴き取りが上手ということは、いわゆる「耳がいい」ということです。これは脳の可塑性に関係するので、子どものころにどのような言語に触れてきたかに大きくかかわってきます。そのために、子どものころから日本語しか知らない私のような大半の日本人にとって、「b」と「v」、「l」と「r」を聞き分けるのは難しいのです。日本語にはそれらの区別がないため、そうした子音の分解能力が手に入れられないためです。

しかし、大人になっても脳には可塑性がありますので、トレーニングの方法や量によっては、子音の分解能力が高まることが期待できます。その一つの方法が音楽の練習であるというのが、体験にもとづいた私の考えです。

私は、英語のやり直しが軌道に乗ったところで、以前やっていたピアノの練習を再開しました。すると、驚いたことに、そのタイミングで一気に英語の聴き取り能力が伸びたのです。しかも、おもしろいことに、英語の聴き取りができるようになると、今度はピアノの音の聴き取りにもいい影響を与えるようになりました。まさに、正のスパイラルです。

演奏をするときには、楽譜を見ながら和音や音を頭のなかで分解しています。その力を鍛えたことで、英語のリスニングにおける細かい子音の聴き取りに効果があったのだと考えられます。

音楽の場合も、先ほどの運動と同じく、受け身の立場でただ聴いているだけでなく、自分で演奏したり歌ったりするほうが、はるかに効果的です。

たとえば、楽器の演奏をする人は、ピアノの先生の弾き方を見ながら覚えるのでもいいでしょうし、YouTube を活用して演奏者の真似をするのでもいいでしょう。楽器は苦手だというのならば、上手な人の歌い方をカラオケで真似るのでも効果があると思います。もちろん、義務感で練習するのではなく、楽器にしても歌にしても楽しくやることが大事です。

こうして積極的に模倣をすることで、英語の聴き分けができる「英語耳」がつくられていきます。もちろん、英語だけでなく、英語以外のさまざまな発音をもつ各国語の習得にもよい影響があるはずです。

早く習得したものは、忘れるのも早い!?

英語に限らず、中学や高校の勉強というと、試験前に徹夜をして一夜漬けで勉強したという人も多いことでしょう。しかし、これはあまり効果的とはいえません。睡眠というのは、記憶を定着させる役割があるので、寝ずに勉強をしても頭に残らないからです。

試験の当日だけ覚えていればいいということなのでしょうが、せっかく勉強しても記憶を維持できなければ意味がないと思うのです。

ましてや大人の英語学習ともなれば、なおさらのこと。自分の身につけることが目標なのですから、短時間で一気に勉強をするのではなく、時間をかけてもいいから少しずつ身につけていくことを心がけたいものです。

実際の研究があるわけではありませんが、私の感覚でいうと、習得に費やした時間と忘却するまでの時間というのが、かなり一致しているような気がします。つまり、短時間で覚えたことは短時間で忘れてしまい、時間をかけて覚えたことはなかなか忘れません。

ですから、大人の英語についても、あせらずに時間をかけることが重要です。

短期間で勉強をするというと、最近では海外への短期留学というのがあり、なかには1週間の短期集中授業というのもあるようです。では、これも無駄かというと、これはこれで意味があると思います。

学校ではないのですが、私も学会で海外に1週間ほど行くと、帰るころには英語も多少スムーズに出てくるようになります。周囲が英語を話す人ばかりなので、嫌でも話さなくてはならない状況に追い込まれるためでしょう。そういうことならば、短期間でもそれなりに効果があります。

もちろん、それだけで英語が劇的にうまくなることは期待できませんが、帰国してからもその気持ちを維持することができれば、必ず実力がアップするはずです。英語に本気で取り組むきっかけや動機づけとしては、大いに期待できるチャレンジだと思います。

いずれにしても、てっとり早く英語が習得できるという便利な方法は、残念ながらありません。何かを本当に身につけようとしたら、ある程度の時間と努力が必要だと割り切る必要があります。

でも、その代わりに楽しくやる工夫をすれば、時間も気になりません。趣味や道楽ならば、誰しも時間がかかっても苦にならないでしょう。英語も、そうした趣味の一つにしてしまえばいいわけです。

ラクをするより、楽しく続ける工夫が大事

書店に行くと、１週間で英語ができる、１カ月でペラペラになれるといった本を見かけますが、にわかには信じがたく思っています。

脳のしくみから考えても、そんなに短期間に身につくことは考えられません。脳の可塑性というのは、そう簡単には起きないからです。それができるのは、過去にある程度のレベルまでいった人でしょう。

また、寝ているあいだに英語が上手になる睡眠学習という手軽な勉強法もあるようですが、どれだけ効果があるのかは疑問です。睡眠時には脳は外からの情報を必ずしも適切に受け入れる状態になっていないと考えられているからです。

残念ながら、ラクに英語を身につける方法というのはそうそうないと考えられます。

そんなことを書くと、「つらいのなら、やっぱりやめた」と言う人が出てくるかもしれませんが、ちょっと待ってください。ラクはできないけれども、つらさを感じることなく上達するこ

とはできます。

その一つが、英語を習慣化することです。私たちは、日常生活でさまざまなことを習慣化していますが、英語をその一つに組み込んでしまえばいいのです。

たとえば、朝の歯磨きや洗面は、ほとんどの人が習慣化していることでしょう。よく考えると、朝のあわただしい時間に面倒な行為ではあります。事実、幼児のころは面倒だと感じたことでしょう。しかし、何年、何十年も毎朝繰り返しているうちに習慣化されて、苦に感じなくなるどころか、それをしなければすっきりしません。

英語の習得も同じことです。最初は面倒と感じるときもあるかもしれませんが、毎日少しずつ続けていけば、「英語をやらないとすっきりしない」という状態になるはずです。こうなればしめたものです。

「でも、習慣化するまで続ける自信がない」という人もいるかもしれません。

たしかに、どうしてもある程度の時間はかかりますから、習慣化するまでに一定の努力は必要になってきます。

でも、そこまでわかっているならば、ラクをするより楽しく続ける工夫をすればいいのです。「楽」ではなく、「楽しく」が大事です。

詳しくはChapter 3で紹介しますが、第一歩は、自分の好きな洋楽や洋画をきっかけにするのがいいでしょう。それも、最初から30分も1時間も英語に接するのが大変ならば、まず1日に15分だけと区切って音楽を聴いたり、映画を観たりするのです。

このときに、最初からあまり無理はしないように。脳が疲れてしまっては、翌日からまたやろうという気が湧いてきません。むしろ、もう少しやりたいなと、名残惜しいくらいでやめるのがポイントです。脳がその続きを知りたがって、毎日続けることができるようになります。

「好きこそものの上手なれ」という言葉がありますが、その反対に、英語が上手になって聴き取りの力がついてくれば、自然と英語が好きになっていくものです。そこまでくれば、楽しく続けることができるようになるでしょう。

勉強と思うからつらいのであって、趣味の一つと思えば楽しいもの。世の中にはいろいろな趣味がありますが、英語のリスニング、スピーキングを趣味にできれば、これほど強いものはありません。しかも、自分の力が向上したことを、はっきりと実感できる趣味なのです。

サビついた英語力を復活させるには

読者の方の中には、「かつて英語をある程度習得したけれども、忘れてしまった」という人がいることでしょう。たとえば、学生時代に何カ月か留学をして、けっこう話せたけれども、使わないでいたら英語力がサビついてしまったというケースです。

それではもったいないので、ぜひサビ落としをしましょう。

脳というのは、筋肉と同じで使わないと衰えてしまいます。脳には可塑性があると述べましたが、これはものを覚えると神経細胞のネットワークが新しくできるということだけではなく、使わないネットワークに「刈り込み」がされて壊されていくという現象も含んでいます。

たとえてみれば、必要なところに新しく道路をつくると同時に、使われない道路はどんどん壊していくスクラップ・アンド・ビルドと同じです。脳内でも、無駄をなくしつつネットワークを密にしていくという最適化を、常に繰り返しているのです。ですから、何カ月も何年も放置していたら、道路は草ぼうぼうになり、あちこちが取り壊しの対象になってしまうというようなイメージです。

これは、私が続けている趣味のピアノ演奏も同じで、練習を何週間もやらないでいると、かなりの部分を忘れてしまいます。ただし、その後に再びはじめたときには、まったくやっていない人にくらべれば、ずっと向上のスピードは速いはずです。

それは、楽器演奏、自転車の運転、水泳といった技能や手順など、身をもって覚えた能力は、長期記憶として脳に記憶されるためです。この記憶は、１回身につけることができれば、何年たっても基本は忘れません。

ただし、自転車には乗れるにしても、子ども時代のように手放しでは乗れなくなっていたり、ピアノ演奏で高度なテクニックが使えなくなっていることもあるでしょう。

英語もまた同様で、実地で身につけた能力は、体で覚えた記憶として刻まれていますから、ブランクが空いていたとしても最低限の能力は残っていることでしょう。しかし、高いレベルのところは忘れている可能性が高いのです。

でも、それはまたやればいいだけのこと。以前努力した人は、していなかった人よりも、明らかに再習得の時間は少なくてすみます。

海外赴任や留学から帰ってきた人は、日常生活で英語を話す機会がなければ、月に１回でもいいから英会話学校などに行くことをおすすめします。それが難しければ、英語のニュースやポッドキャストを聴いたりといったことをして、英語力をサビつかせない工夫をするのがいいでしょう。

この章のまとめ

- ☑ 脳は模倣（真似）をするのが得意。英語を学ぶ際には、真似ることからはじめてみる。

- ☑ コミュニケーションツールとしての英語力を磨くには、中学英語からやり直すよりも、まずはリスニング、スピーキングに力を入れるのが近道。

- ☑ 運動や音楽も、脳の「模倣力」と関係している。英語の勉強とあわせて取り入れることで、相乗効果が期待できる。

- ☑ 記憶は眠ることによって定着する。一夜漬けの勉強は効率が悪い。

- ☑ 英語の習得に「ラクな方法」はないが、「楽しく続けられる方法」はある。そのためには、自分の好きなジャンルを選び、英語学習を習慣化するとよい。

Chapter 3

脳が忘れない！
英語の「超」勉強法

最速で最大の成果を上げる!

大人の英語攻略法には「順番」がある!

ここまでの文章で、大人になってから英語を習得するときのポイントを理解していただけたと思います。英語が「勉強」であるなどと考えず、英語がコミュニケーションツールであるという前提のもと、親しみや楽しみを持ちながら取り組むこと。そして、英語ができたときの自分の姿を描きながら、じっくりと楽しく続けることが大事であると説明してきました。

この章では、実際に大人の英語を学んでいく手順について考えていくことにしましょう。

一般に、英語の勉強の種類を大きく分けると、次の5つになるかと思います。

・単語力をつける
・読む力をつける(リーディング)
・書く力をつける(ライティング)
・聴く力をつける(リスニング)
・話す力をつける(スピーキング)

　おそらく大半の人が中学校や高校で英語を学んできたのは、この順序だと思います。単語を覚えつつ、リーディングが中心の授業だったことでしょう。私のように、リスニングやスピーキングをしっかり学ぶ機会がないまま、高校や大学を卒業してしまった人も多いかと思います。

　それに対して、大人の英語習得はどのような順序で手をつけていけばよいのでしょうか。

　私の考えでは、もっとも効率がいいのは次に示した順序です。①～④の順に学びつつ、それにプラスして単語をコンスタントに覚えていくというものです。

①聴く力をつける（リスニング）
②話す力をつける（スピーキング）
③読む力をつける（リーディング）
④書く力をつける（ライティング）
＋単語力

　なぜこのような順番がいいかというと、理由は２つあります。

　１つは、ネイティブの子どもが言葉を身につけていく過程をたどることが、ものごとに対する習得過程として自然であると考えるからです。

もう１つは、Chapter ２でも触れたように、英語をコミュニケーションの手段として考えるときに大切なのは、相手と意思を疎通させること。そうなると、おのずから大事になるのは、聴く力と話す力になってきます。その２つの力を身につけるために、まずはリスニングとスピーキングに取り組むことが効率的であるからです。

反射的なコミュニケーションを身につけるには

海外に行ってまず経験するのは、中学校のカタカナ英語の発音では、ほとんど通用しないということです。

たとえば、ファストフード店で何かを注文すると、よく尋ねられる言葉の一つに、「Here or to go?」というのがあります。「ここで食べますか。それとも持ち帰りますか」という決まり文句ですが、これが「ヒアゴ」としか聞こえないのです。

これが聴き取れれば、店内で食べるなら「Here.」、持ち帰るならば「To go.」と答えればいいのですが、それができないとカウンターの前で立ち往生してしまいます。

コミュニケーションで重要なのは、こうした場面で反射的に

コミュニケーションはリスニングからはじまる

やりとりができるかどうかです。それには、リスニングとスピーキングの能力が欠かせません。

その点、リーディングとライティングならば時間の猶予があります。メールやＳＮＳのメッセージを受け取って、すぐに意味がわからなくても、辞書や翻訳ソフトを使えば意味を調べたり返事を送ったりすることが可能です。

しかし、会話の場合は、言われたときにいちいち調べていては間に合いません。最近では音声翻訳機（通訳機）という便利なものがあるので、ファストフードの注文くらいなら、なんとかなるかもしれません。しかし、コミュニケーションというのは事実だけでなく感情も伝えるものです。翻訳機を介して話すことと、相手と向き合って当意即妙のやりとりをすることとでは、雲泥の差があると思うのです。

そういうことを考えれば、まず磨くべきはリスニングであり、その次はスピーキングだということに異議はないでしょう。

学習の比率としては、最初のうちはリスニング９割、スピーキング１割くらいで、徐々にリスニングとスピーキングを５割ずつくらいに持っていくのがいいでしょう。

単語力については、リーディングにはもちろん、リスニングやスピーキングにも必要ですから、並行して地道に鍛えていきましょう。単語の覚え方については、学生時代にやったような丸暗記ではなく、大人に適した覚え方をご紹介します。

どうしても文法が苦手という人は、中学生向けの簡単な英文法の本くらいはやってもいいと思いますが、あまり時間をかけすぎないように。あくまでも、リスニングとスピーキングがメインです。

では、リスニング、スピーキング、リーディング、ライティング、単語力の順に、それぞれ大人ならではの攻略法を考えていきます。

聴く力をつける（リスニング）

手はじめに好きな音楽から入る

学生時代に英語が苦痛だったという人の多くは、なぜ英語を学ばなくてはならないのかもわからず、ただ授業の１科目として「やらされ感」があったからだと思います。

大人の英語習得は、その「やらされ感」を排除して、自分から楽しく学べるようにすることが大切。そのためには、学んで楽しい素材を自分で選ぶのが第一です。趣味や楽しみから入れば、苦痛を感じるなどということはありません。

入門として一番入りやすいのは、自分の好きな英語の曲を聴くことでしょう。英語の授業や試験が嫌いだった人でも、好きな英語の曲の１つや２つはあることと思います。

そんな曲を聴いて、真似して歌い、歌詞を覚えるというのが、大人の英語の第一歩としておすすめです。単に英文を聴いたり読んだりするのとは違って、メロディやリズムがついているので、自然と覚えられるのが大きなメリットです。

私が若かった1980年代は洋楽全盛期でした。ＣＤやＦＭ放送でシカゴやボン・ジョヴィなどをよく聴いていましたが、なかでも好きだったのはビリー・ジョエルです。『Honesty』（オネスティ）や『This Night』（今宵はフォーエバー）といった歌をよく聴いていました。もっとも、当時はすべての意味を理解していたわけではありませんでした。30歳を過ぎて英語をやり直すにあたり、歌詞カードを見ながら聴いてみると、「ああ、こういうことを言っているんだな」と改めて納得できたのです。

少し上の世代だと、カーペンターズは発音がきれいなので、英語を学ぶ人に適していると思います。ビートルズの歌詞は俗語も交じってきますが、初心者にも聴き取りやすい英語といえるでしょう。

もちろん、ジャンルはジャズでもハードロックでも構いません。自分の好きな曲を、ＣＤやYouTubeなどでもう一度聴いてみてください。歌詞カードが手元になくても、インターネットで検索すれば探し出すことができます。

映画で視覚と聴覚の両方からインプット

音楽よりも効果的なのは映画です。映画ならば、聴覚だけでなく視覚にも訴えかけてきますので、強く脳に刻み込まれることが期待できます。

日本語字幕付きならば、英語を聴きながら意味がわかるので、教材としてぴったりです。少なくとも、単語力がないうちから字幕なしの映画を観るのは効率的ではありません。英語のリズムに慣れるという意味はあるかもしれませんが、何と言っているかがわからないと、学習効果は低いといわざるをえません。

慣れてきたら英語の字幕付きを観るのもよいでしょう。できれば英語と日本語の字幕が、両方付いていれば理想的です。あっちを見たりこっちを見たりと、あわただしいかもしれませんが。

映画で英語を覚える大きなメリットの一つは、単語や表現が、映画のシーンとともに記憶として脳にインプットされやすくなる点にあります。どのような状況や立場で、どのように使われたのかが、そのシーンとともに強く印象に残るためです。

たとえば、英語で「もちろん」と言いたいときに、あなたは何と言いますか。

ほとんどの日本人の頭に浮かぶのは、「Of course.」でしょう。

しかし、映画を観ていると、むしろ「Sure.」や「Certainly.」という言い方をよくすることに気づきます。さらに、人に誘われたときには、「もちろん、断るわけありませんよ」という意味で「Why not ?」と言いますし、願いごとや頼みごとを受けるときには「もちろん、問題ない」という意味で「No problem !」という言い方もあります。

辞書や教材で見るだけでは、どれにも「もちろん」という訳語がついているので、どの表現をどんな場面で使ってよいのか判断が難しいものです。ところが、映画のシーンとともに覚えれば、「こういうときに“Sure.”と使えばいいんだ」「こんなケースに、“Why not ?”と返事をするのはスマートだな」ということが、よくわかるでしょう。

映画のもう一つのいい点は、生きた英語に触れられることです。

アメリカやカナダなどに行くと、日常的なあいさつの言葉として、「Have a nice day !」と声をかけられる場面がよくあります。直訳すると「よい１日を！」ですが、要するに好意を込めたあいさつの決まり文句です。では、そう言われたら何と返事をすればよいでしょうか。

なにしろ日常的な言葉ですから、映画にもよく登場します。一番基本的な答えは「You too !」。「あなたもね」という意味です。難しいことは考えずに、こう反応すればいいのです。

「ハヴァ　ナイスデイ！」と言われたら、映画の登場人物の真似をして、にこっと微笑みを浮かべて「ユー　トゥ」と答えるだけ。相手もまた微笑みを返してくれるはずです。

これだけで、英語のコミュニケーションがしっかり成立。自分の英語力がワンランクアップしたような気持ちになるでしょう。こうした体験の積み重ねで英語が身についていくと思えば、これほど楽しいことはありません。

好きな映画を教材にすれば苦にならない

教材とする映画は、自分の好きなものを選べばいいのです。ＳＦでも、音楽映画でも、人間ドラマでも、警察ものでも、アニメでも構いません。好きな俳優が出ている映画を観るというのでもいいでしょう。

英語は苦手だったけど『スター・ウォーズ』は大好きだという人や、『ハリー・ポッター』シリーズだけは見逃さないという人もいるでしょう。そうした映画を取っかかりにして、英語に親しんでいくのはいい方法です。

好きな俳優のセリフや、好きなシーンの言葉を暗記するのも、いい勉強になります。そうしたことの繰り返しで、少しずつ英語が身についていきます。

先日、たまたま私に英語の相談を求めてきた女性がいました。ハワイが好きだという彼女は、旅行に行く前に旅の英会話をまとめたＣＤ付きの本を買ったのですが、あまりおもしろくなく、頭に入ってこないと言うのです。

そこで、私はここに書いたような話をして、ハワイを舞台にした映画もたくさんあるので、その中から選んでみたらいいのではとアドバイスをしました。

すると彼女は、その日のうちに映画のＤＶＤを何本も買ってきたというではありませんか。実際に映画を観たところ、行きたいと思っていた場所や知りたいと思っていた文化も出てきて、引き込まれたと言っていました。それと同時に、英語をもっと知りたいという好奇心が芽生えてきて、久しぶりに辞書を引いてみたとのこと。

楽しい映画や音楽を使えば、このようなモチベーションのアップにつながるわけです。

ですから、英語の教材を購入するよりも、まずは好きな歌手や俳優が出るＣＤやＤＶＤを買ったり、ネットで試聴したりするのがおすすめです。または、この女性のように行ってみたい国を舞台にした映画を探して観れば、まさしく楽しみながら身につけることができます。

映画で英語を覚えると、ちょっと偏った英語になってしまうのではと心配するかもしれませんが、普通の映画を観ている限り、それほど問題はないでしょう。もし、あなたの英語が少し変わったものになったとしても、それはそれで相手に興味を持ってもらう要素になりえます。

逆の立場で考えればわかります。外国人がアニメに出てくるような日本語を口にしたら、私たちは「どこでそんなのを覚えたの？」と興味津々で聞くでしょう。それと同じように、相手に興味を持ってもらって、楽しいコミュニケーションのきっかけになるはずです。

こうして、音楽や映画を聴いたり観たりしていき、それでも物足りなくなったら次のステップとして、あとで述べるように、ニュース番組を流しっぱなしにしたり、英会話学校に通ったりといったレベルに進んでみるといいと思います。

「ディス イズ ア ペン」は忘れてしまおう

日本人の英語の発音がよくないのは、つづりを先に覚えて、それから発音を覚えるという順序で英語を勉強しているからだと私は考えています。

「This is a pen.」という文を教科書で見ると、単語を一つずつ区切って、まず意味をとらえようとするわけです。「This」が「これ」という意味で、「is」は「……です」という意味で、「a」は「１本の」という覚え方をするので、「ディス　イズ　アペン」のようなぎこちない発音になってしまうのです。

私も学生時代はそう覚えていました。そして、その調子で何年も勉強して単語の数を増やしていけば、英語が上手になると思っていたのです。

しかし、そのやり方では、ついに「英語でコミュニケーションがとれる」というレベルには到達しませんでした。正直なところ、文字を覚えて、それから発音を覚えるというやり方を100年続けても、英語がうまくなることは困難です。そこが、多くの日本人の一番の誤解だと思います。

では、リスニングの技術をどうやってアップすればよいかというと、「文字→発音」ではなく、「発音→文字」の順に覚えるようにするのです。Chapter 2でも触れた、聞こえたままにカタカナで暗記する方法です。

たとえば、「ピーナッツバター」ならば「ピナバラ」と聞こえるのですから、そう覚えてしまえばいいだけのこと。金属の「nickel」は誰も「ニッケル」とは言わずに、「ネコー」のように発音します。それならば、そう覚えたほうが早いと思いませんか。

「your apple」は、文字を先に覚えるから、「ユア　アップル」と発音してしまい、通じないのです。聞いたまま「ヨー　アポー」と覚えたほうが、ネイティブには通じます。

実際に、明治時代の日本人は、そうやって英語を覚えていたようです。木綿の「cotton」は、「コットン」ではなく「カタン」と覚えていました。だから、今でも手芸の世界では「カタン糸」という言い方をするわけです。

また、「メリケン粉」「メリケン波止場」の「メリケン」は、今なら「アメリカン」のこと。変な発音に思えるかもしれませんが、ネイティブに対しては、「アメリカン」と言うよりも、「メ」にアクセントを置いて「メリケン！」と言ったほうが間違いなく通じます。

カタカナで覚えた単語の「固まり」を増やしていく

ビートルズの有名な曲に、『Let It Be』があります。日本語のタイトルは単語をそのまま分解して「レット　イット　ビー」となっていますが、実際に聴いてみると、そうは発音していないことがわかるでしょう。

「レルビー」または「レリビー」なのです。歌詞カードを見ればわかるように、それで「なるがままに任せる」という意味になります。まずは文法的なことは置いておいて、そう覚えてしまいましょう。

それを知っていれば、ディズニーのアニメ映画『アナと雪の女王』の主題曲である『Let It Go』が「レリゴー」と聞こえても驚くことはなく、それに「ありのままに」という訳詞がつくと、なるほどとわかります。

単語を１つずつ覚えるのもいいのですが、リスニングの場合は、こうしたカタカナで覚えた単語の固まり（熟語など）を増やしていくことが大切です。

こうした「固まりを増やす」機会は、普段の生活でもよくあります。たとえば、飛行機に乗るとアナウンスが日本語と英語であることが多いのですが、これも学習に役立ちます。

「荷物を上の棚か、前の座席の下に置いてください」というアナウンスでは、「前の座席の下に」という意味で「in front of you」が使われますが、学校で習ったような「イン　フロント　オブ　ユー」とは絶対に言いません。「インフロンタビュー」または「インフロントビュー」です。

そのように聞こえたのなら、「インフロンタビュー」で覚えておけば、次に別の場面で耳にしたときに、「あ、これだ」と耳に自然と入ってきます。

そういう固まりをたくさんつくったことで、私はリスニングがずいぶんラクになりました。

Chapter ２では、『英語リスニングのお医者さん』という本で目からうろこが落ちた話を書きましたが、それも本で読んだだけでは不十分です。

最近では、日本国内にいても日常生活で英語を耳にする機会が増えました。そのたびに、単語の固まりをつくっていきましょう。発音がわかったら、そのあとでつづりを調べます。そうした経験を重ねることで、アメリカ英語では母音にはさまれた「t」の音が「ら行」になるとか、あまり意味のない語頭の「h」はほとんど発音されないというルールが、自分のものとして身についていきます。

「乱聴」と「精聴」を組み合わせる

リスニングの力を鍛えるには、なるべく多くの時間、英語に触れることが大事です。しかし、日本国内に住んでいると、どうしても英語を聴く機会が限られますから、何か工夫が必要になってきます。

私の場合、自分の教授室でインターネットを使って英語のニュースを流しっぱなしにしています。

ニュースは早口ですから、すべてを聴き取れるわけではありませんが、ほかのことをしながらでも、単語、単語が頭に入ってきます。以前は、こんなことは想像もできませんでしたが、ちゃんとステップを踏んでいけば、「yellow」の聴き取りができなかった私みたいな人間でも、そこそこ英語ができるようになります。

ただし、ニュースは台本の英語を見ることができませんから、気になる単語を調べにくいという難点があります。その点、インターネットラジオの一つであるポッドキャストなら、何回でも聴き直せるので初歩の学習には向いています。現在では、スマートフォンのアプリを使って手軽に聴くことができますので、ぜひ活用してみてください。

こうした素材を使ってリスニングのトレーニングをするときに、初心者が陥りがちな落とし穴は、一語一語すべてを前から聴き取ろうとすることです。かつての私もそうでした。しかし、それは効率的ではありません。

では、どうすればよいのかというと、「乱聴」と「精聴」を組み合わせるのです。つまり、１回目は大ざっぱに聴き、２回目以降は細かい点も精緻《せいち》に聴いていくという方法です。

乱聴では、英語の抑揚やリズムを体で覚えることがメインです。いちいち途中で止めて単語を聞き直したり、調べたりはしません。わかる単語が１割くらいでもいいので、まず耳を傾けてみてください。

それができたら、次は何と言っているのかを精緻に聴いていくわけです。必要があれば、前に戻って聴き直したり、何度も繰り返して聴くということがあっても構いません。

１回聴いただけでは、今の私でも聴き取れない個所が多くあります。専門の脳科学や医学ならともかく、専門外の話題や時事ネタでは、まったくお手上げということもよくあります。それでも、わかる単語がところどころにありますので、それを取っかかりにしてつなぎ合わせていくことで、３回ほど聴くと辞書を引かなくてもだいたいの意味が見えてくるようになります。

初歩のレベルではＣＤやＤＶＤ付きの英語教材がいいかもしれません。最近では、ＱＲコードなどの二次元コードが印刷してあって、それをスキャンすることでインターネットから音声ファイルをダウンロードできるという教材も増えています。もちろん、テレビやラジオの英会話番組を聴くのでもいいでしょう。

ただ、そうした教材や番組の英語は、発音がきれいだというのが長所であり短所でもあります。実際に町で聴く英語は、そんなに発音がきれいでなく、しかもあちこち省略していることがよくあります。ですから、いきなり音楽や映画から入ったり、ポッドキャストやニュースに触れるのがいいと私は思うのです。

最初は高い壁に感じられるかもしれませんが、毎日少しずつ取り組むことで乗り越えることができます。

単語を覚えることを同時に進めていけば、乱聴の段階でも聴き取れる単語が増えてきて、内容が頭に入ってくるようになります。そうした体験がだんだん増えてくると、上達したなという実感につながり、脳がますますやる気を起こすのです。

話す力をつける（スピーキング）

「アウトプット」の機会をつくる

英語を自分のものにするには、ただ学ぶだけでなく、それを実際に使うことが大切です。

頭でわかっていることと、それが実際の場面で口に出てくるかは別の話です。リスニングで英文をインプットしたら、ぜひスピーキングでアウトプットしましょう。アウトプットすることで、はじめてインプットしたことが身につくからです。

英語の知識がいくら頭に蓄積したとしても、それでコミュニケーションをとることはできません。実際に口に出してはじめて、その知識を使いこなすことができるのです。

これは、免許を取りたてのドライバーを想像するといいでしょう。

免許を取ったということは、運転技術のインプットはされているはずです。しかし、いくら自動車教習所や教材で車のことを学んでも、運転が上手にできるわけではありません。大切なのは、路上に出て実際に運転をするというアウトプットです。

アウトプットをしてはじめて、「ああ、こういうことだったのか」「なるほど、こういうときにはこうすればいいんだ」と理解できる場面が、次々に目の前に出てきます。

路上で運転してはじめてわかることがあるのと同様に、英語もまた実際に使ってみてはじめて理解できることが数多くあります。ときには間違えることもあるでしょう。いや、間違いのほうが多いかもしれません。

でも、運転免許と違って、間違えたとして人の命にかかわるわけではありません。さまざまな試行錯誤をして、大いに間違えることで習得できるのです。

アウトプットの第一歩として、たとえば音楽や映画で見聞きした英語の発音を模倣するのもいいでしょう。しかし、１人きりでやっているのでは限界がありますので、友人や仕事関係で英語のグループなどがあれば、積極的に参加するという方法もあります。

確実にアウトプットをチェックしようと思うなら、やはり英会話学校がいいでしょう。かくいう私も、英語をやり直そうと決めてから、英会話学校にしばらく通いました。

アウトプットの機会が多ければ多いほどいいので、できれば１対１で会話ができるところが理想的ではあります。ただ、当然授業料が高くなりますし、１人だと緊張するという人や、仲間がいたほうが張り合いがあるという人もいるでしょうから、生徒が複数いるクラスも悪くはないと思います。

それでも、学校のように何十人も生徒がいるのでは、会話の機会が限られてしまいますから、せいぜい4、5人くらいがいいのではないでしょうか。

近くにそうした学校がない場合や、通う時間がないという人は、インターネットのオンライン英会話という選択肢もあります。

特定の人の英語しか聴き取れなくなっていないか

リスニングやスピーキングが苦手な人は、特定の人の英語は聴き取れるけれども、それ以外の人はダメというケースが多いようです。ひと口に英語のネイティブといっても、アメリカとイギリスでは英語の発音に違いがありますし、オーストラリアやインドでは、かなり発音に特徴が出てきます。

実際のコミュニケーションの場面では、さまざまな国の人と話すことになりますから、「この人の英語はわかるけれども、ほかの人とは話せない」というわけにはいきません。むしろ、世界には英語のネイティブでない人のほうが多いわけですから、そういう人たちとコミュニケーションをとるには、さまざまな特徴を持つ英語に対応できる耳を持っているに越したことはありません。

英会話学校に通うときには、その点も頭に入れておくとよいでしょう。ある程度上達してきたら、１人の先生に限ることなく、いろいろな地域の出身の人と触れ合うのがよいと思います。

アメリカ英語で語中の「t」が「ら行」になる現象も慣れれば難しいことではないように、各国の英語を聞き慣れていけば、それぞれがもつ規則性をなんとなく覚えて、頭の中で変換できるようになります。

たとえば、オーストラリアの英語でよく知られる特徴として、「today」が「トゥデイ」ではなくて「トゥダイ」になり、「sunday」が「サンダイ」になるという現象があります。

私が以前によく観ていた、イギリスのＢＢＣの『Lonely Planet』という旅番組では、ひところオーストラリア人のバックパッカーが旅をしながらしゃべっていたのですが、まさにこの人の英語がそうでした。「トゥダイ」はもちろんのこと、駅の「station」が「スタイション」になるほどなので、最初は何を言っているのか、ちんぷんかんぷんでした。それでも、慣れてくると頭の中で自然に変換できるようになり、だいぶ聴き取れるようになったものです。

とはいえ、最初は標準的な英語を話す人から習うことをおすすめします。基本をきちんと頭に入れてから、応用に進むのが効率的です。

さらにいえば、英語には日本語ほど男女や年代による言葉の違いはないものの、できれば男性と女性の両方、そして若い人とある程度年がいった人の両方から習うのが理想的です。特定の人ばかりではなく、ダイバーシティを感じたほうが、間違いなく上達します。

日本人の先生から英語を習うという手もありますが、相手が日本語を話せると思うと、「通じなかったら日本語で話せばいいや」という安心感が芽生えてしまい、英語の上達を妨げる恐れがあります。海外に行ったら、外国語でコミュニケーションをとるしかありません。日本にいても、それと同じ状況に自分を追い込んで、そんな状況に慣れておくのがいいと思います。

海外旅行は最高のアウトプットの機会

英語が上達するのは、脳が「快」だと感じているときです。楽しい状況をつくって、そこで英語が覚えられるならば、それに越したことはありません。

そこで、英会話学校に行くのとは別のアウトプットの方法として、海外旅行に行くのもおすすめです。旅行のための会話ならば、使う言葉が限られますので、土台固めにもいい機会になるでしょう。

しかも、海外で自分の英語が通じるというのは、うれしいものです。その「成功体験」によって、脳内に「やる気」をもたらす神経伝達物質のドーパミンが分泌され、さらに英語をやってみようという気分にさせてくれるはずです。

海外旅行から帰ってきたらそれで終わりというのではなく、「英語が少し通じるようになった気がする。仕事を頑張って、また来年も有給休暇をとって旅行に行こう！」という目標ができて、日々の励みにもなることでしょう。

海外に行くお金も時間もないということであれば、国内でボランティアをやったり、日本で仕事や勉強をしている外国人と話すようにすればいいのです。英語のうまい下手など気にする必要はありません。

もちろん、英文法の正しい知識があれば、誤解は減りますので、それに越したことはありません。ですから、英文法の勉強が不要だというつもりはありませんが、文法にとらわれすぎないように。文法が気になると、積極的に話そうという意識が薄くなり、機会損失になってしまいます。形にこだわることなく、身ぶり手ぶりを使おうが何をしようが、自分の気持ちを伝えることが先決です。

海外旅行で思い出したのですが、私の知り合いの旅行好きの人は、会話の練習のために、「知っていても聞く」ということを現地で実践しているそうです。たとえ目的地までの道を知っていても、「Where is the subway station ?」（地下鉄の駅はどこですか）とか「How can I get to the National Theatre ?」（国立劇場に行くにはどうしたらよいですか）と地元の人に尋ねるというのです。

これは、会話の機会を増やすいい方法だと思いました。今ではスマートフォンで道順もわかってしまいますが、あえてそうしないでコミュニケーションをとるわけです。相手によって、答え方にバラエティがあるかもしれず、それがまたいい勉強になるでしょう。まるで、タダで英会話学校に行くようなもの。ぜひ、みなさんも試してみてください。

「場数」を踏むことの重要性

もちろん、話した英語が間違っていることもあるでしょう。いや、最初のうちは間違いだらけかもしれません。しかし、私たちは間違えた分だけ学ぶことができるのです。

とにかくしゃべってみて、「ちょっとあやふやだったな」と感じた部分については、家やホテルに戻ってから調べればいいのです。

「こういう言い方じゃなかった、ああ言うべきだった」「このタイミングで言うのはおかしかったかな。次からは素早く答えよう」と、試行錯誤することで少しずつ前進できるのです。

間違えなければ身につけることができません。間違えたからこそ印象に強く残って、次からは間違えないようにしようと私たちは思います。大いにアウトプットして、大いに間違えましょう。

そもそも人生というのは、なにごとも場数がものをいうのではないでしょうか。どんな仕事も、最初は要領がわからず、時間がかかったり、失敗したりしますが、場数を踏んで何度も繰り返すことで慣れてきます。

人生も英語も、大切なのは場数だと思います。

前にも書きましたが、私たちが医学の学会で使う英語は、それほど難しいことはありません。日常生活では使わない専門用語がたくさん出てきますが、逆にいえば限られた専門用語さえ知っていれば、意味がわかるのです。

難しいのは、会議が終わったあとの懇親会です。雑談になると、話題は環境問題のことから、政治の話、家族の近況、飼い犬のことまで、さまざまな領域に及びますから、出てくる単語や熟語の数が比較にならないほど増えて、急に難しくなります。

ただ、そうであっても、場数を踏めば、だいたいどんな話題なのか見当がつき、それに対する答えも、おのずから決まってくるのです。

英米のネイティブの子どもたちも、すべて英語を聴き取っているわけではないでしょう。私たちもまた、たとえば日本語で話されている駅の案内放送を、すべて聴き取れているわけではありません。状況から判断して、こんなことを言っているんだろうなあと解釈しているわけです。

そんな状況判断のコツをつかむと、一気に英語が上達した気分になります。飛行機の機内食の時間にキャビンアテンダントに話しかけられたら、肉なのか魚なのか、あるいは飲み物は何にするのかという質問だと見当がつきます。バスに乗ったとたんに運転手や車掌から話しかけられたら、どこまで行くのかを聞いているのだろうと見当がつくわけです。

前に、ファストフード店で注文するときに聞かれる決まり文句として、「Here or to go ?」(ここで食べますか。それとも持ち帰りますか) を紹介しました。これが「ヒアゴ」としか聞こえず、予備知識がなければまず日本人には聴き取りが不可能ですし、何の前提もなく会話に「ヒアゴ」が出てきたら、今の私でも一度では聴き取れないことでしょう。

しかし、ファストフード店ではそういうふうに聞かれるものだということを知っていれば、すぐに理解できるでしょう。緊張することもなく、店内で食べるなら「Here.」、持ち帰るならば「To go.」と答えることができるのです。

語学の習得において、場数ほど大切なものはありません。

100時間の座学よりも大きい「体験」の効果

「百聞は一見にしかず」といいます。英語の文法や表現を何度も何度も勉強しても覚えられなかったものが、現実のシーンで一度使っただけで、すっきりと理解できるという体験があります。

だからこそ、文法を完璧にすることよりも、アウトプットの機会をつくるほうがいいと私は思うのです。

たとえば、英語の「go」と「come」の使い分けも、そんな一つかもしれません。

たいていの場合、「行く」は「go」、「来る」は「come」に置き換えればいいのですが、そうでない場合があります。英語の「go」と「come」は、日本語の「行く」と「来る」とは、観点が異なるためです。

英語の教材を読むと、その違いについて次のように書いてあります。

「日本語の『行く』と『来る』は、話者を基準にして、そこから遠ざかるか、そこに近寄るかを述べる表現である。それに対して、英語の『go』と『come』は、相手側あるいはどこか任意の点を基準にして、そこから遠ざかるか、そこに近寄るかを述べる表現である」

たしかに間違いはないかもしれませんが、これだけで理解できたら天才だと思います。

要するに、たとえば相手のもとに「これから行きます」というときは、「I'm going.」ではなく「I'm coming.」を使わなければならないというわけです。

もちろん、教材にはこうした例文もついていますが、それでもまだ理解しにくいでしょう。

私も、学生時代に何十回とこの表現について見聞きしましたが、ピンと来なかったというのが正直なところです。

しかし、海外に出て英語を実地で使ってみて、すぐにわかりました。

ホテルでタオルがないから部屋まで持ってきてほしいとフロントに電話をすると、相手は「I'm coming.」と答えるのです。「ああ、これが勉強したやつだ」と私はわかりました。私を基準にしているために、日本語では「行きます」となるところが、「come」を使うのです。もし、このときに「I'm going. 」といったら、どこか遠くに行ってしまう意味にとられてしまいます。

この場面を体験したことで、何十回読んでもわからなかった

「come」と「go」の違い

come ＝相手に近寄る

go ＝相手から離れる

「go」と「come」の違いが、理解できました。そして、相手のところに行くときは、とにかく「I'm coming.」を使えばいいと学んだのです。

ちなみに、近くのレストランで夕食をとるとあなたが言ったときに、友人が「Can I come with you ?」と答えるかもしれません。「一緒に行ってもいいですか」という意味ですが、この場合は話題となっている任意の点に近づくために、「come」を使うわけです。

読む力をつける（リーディング）

わからない単語は調べず推理するクセをつける

リーディングというと、それこそ中学校、高校時代の英語を思い出してうんざりする人もいるかもしれません。でも、リーディングもまた趣味や興味のあることにつなげてみれば、読むのが楽しくなります。

今の時代、インターネットを使えば、どんな領域の情報でも、いくらでも英文のページを見つけることができます。自分の好きな分野の英文を探してきて、読んでみることからはじめましょう。

たとえば、車が好きな人は海外の自動車メーカーやマニアの趣味のサイト、料理が好きな人は各国の郷土料理やレストランの紹介やレシピの紹介サイトなどを読むといったことが考えられます。

あるいは、次の海外旅行の目的地の情報を調べるというのもいいでしょう。日本語のページにはないお得でコアな情報が書かれているかもしれません。

学生時代のリーディングで陥りがちだった失敗は、わからない単語を一語一語、すべて辞書で意味を調べていくというものでした。これでは時間がかかるばかりで、いつまでたっても知りたい情報が見えてこないため、おもしろくありません。このやり方は、大人の英語習得には向いていません。

私がおすすめしたいのは、リスニングのときに乱聴と精聴を組み合わせたのと同様に、乱読と精読を組み合わせる方法です。つまり、最初は辞書を調べずに一気に読んで、大ざっぱに内容をつかむ乱読。それができたら、次は単語を調べながら、じっくり読む精読を組み合わせるというやり方です。

精読の場合も、わからない単語をすべて調べるのではなく、前後関係からその単語の意味を推理することを試みてください。日本語の難しい文章を読む場合にも、ほとんどの人はそうしているはずです。

知っている単語から意味を類推できる場合もあります。たとえば、「distrust」は語頭に「dis-」がついていることから、「trust」の反対語で「信用しない」「疑う」という意味ではないかと想像できます。「reread」は「re-」がついているから「再読する」「読み返す」という意味だと見当がつきます。こういう単語は、ひとまず調べないでおきましょう。

また、「-ly」で終わる単語は「friendly」「mainly」のように、副詞の場合がほとんどです。もとの「friend」「main」から類推できますので、いちいち辞書を引かなくても見当がつきます。「awfully」「exceedingly」「dreadfully」などになると困るかもしれませんが、こうした副詞はいい意味でも悪い意味でも、程度の強さを表すことが多いといえます。とりあえず「すごく」「非常に」「本当に」として読み進めておけば、たいていの場合はＯＫです。

そうした単語を除いてみて、何度も登場するけれどもわからない単語、前後からどうしても類推できない名詞というのがあるはずです。それが、文章のキーワードの可能性が高いといってよいでしょう。そこではじめて辞書を引いてみるわけです。

おそらく、その意味がわかるだけで、芋づる式に前後の単語の意味がわかり、文章全体が理解できようになると思います。これができたときは、まるで推理小説の謎解きができたときのような快感が味わえます。まさに、英語を読む醍醐味といってよいでしょう。

もし、それでも文章の意味がほとんどわからないのであれば、その文章はまだあなたにはレベルが高すぎるのかもしれません。少しレベルを下げて、やさしい文章からやり直したほうがいいでしょう。

今ではインターネットの翻訳ツールを使えば、長文でも日本語訳できるようになりました。そんな便利なものがあるのだから、わざわざ英語を学ばなくてもいいのではないか、という意見もあるかもしれませんが、コンピュータによる翻訳はまだまだ精度が高いとはいえず、英語の知識がなくては自在に使いこなすことができません。将来はわかりませんが、翻訳ツールを使うときにも、今のところ最低限の英語の読解力が必要といってよいでしょう。

短い英文小説に挑戦してみよう

あまり英文を読むのに慣れていない人におすすめしたいのは対訳本です。左ページに英語、右ページに日本語が書かれているので、いちいち辞書を引く必要もなく読み進められます。いわば、日本語字幕付きの映画を観るようなものです。

英文を読んでみて、わからないところは日本語と照らし合わせればいいのです。これを続けるだけでも、かなりリーディングに慣れるはずです。

私自身は、大学入試のために受験勉強をしましたので、リーディングはそこそこできました。当時の私は、とくに英語が好きではなかったのですが、原文を読むことに対する憧れと格好付けもあって、ペーパーバックを読んでみようと思い立ったのです。

そこで選んだのが、オー・ヘンリーでした。彼の作品は短篇ばかりですから、ハードルが低かったのです。

最初に読んだのは、小学校の教科書にも載っている有名な『The Last Leaf』（最後の一葉）。あらすじを知っていたので、気軽に読み進めることができました。

次に読んだのは、『After Twenty Years』（二十年後）という作品です。友人同士が20年後に再会する約束をする。ところが、１人は指名手配犯、もう１人は警察官になっていたという切ない話です。

私はこの２つの小説を何度も読み返したものです。英語もそれほど難しくないので、読者のみなさんも無理なく読むことができるでしょう。

その次にトライしたのが、ヘミングウェイの『The Old Man and the Sea』（老人と海）です。オー・ヘンリーよりは長いのですが、英語が難しくないのでいいと思います。もっとも、私は途中で授業や実験が忙しくなってしまい、最後までたどり着かなかったのが残念です。

英語のテキストを選ぶときに重要なのは、ハードルを高くしすぎないこと。そして、あまりリーディングに時間を費やしすぎることなく、リスニングとスピーキングの補助くらいに考えておくのがいいと思います。

ことわざ、格言、金言は意外に役立つ

英語のことわざ、格言、金言を覚えるのもいいと思います。コンパクトに文がまとまっているので、覚えやすく、基本的な文型の練習にもなります。

たとえば、「Time flies like an arrow.」は「時間は矢のように進む」という意味ですから、日本語のことわざでは「光陰矢のごとし」。

「早起きは三文の徳」にあたるのは「The early bird gets the worm.」です。「早く起きた鳥は虫を捕まえる」という意味ですね。

「The pen is mightier than the sword.」は、そのまま「ペンは剣よりも強し」。比較級が使われている文なので、これを丸ごと覚えておけば、「The pen」「mightier」「 the sword」をほかのものに置き換えることで、さまざまな比較の文がつくれます。

「It is no use crying over spilt milk.」は、「こぼれたミルクを嘆いてもしかたがない」という意味で、「覆水盆に返らず」に近いことわざです。これも丸ごと覚えておけば、「It is no use -ing」という構文を使うことができるようになるでしょう。

「Rome was not built in a day.」(ローマは１日にして成らず）は、

私の好きな格言です。

ありきたりかもしれませんが、私は「努力」という言葉が大好きです。才能がない人間なので、努力をするしかないからです。英語のマスターにも努力が必要ですから、「英語も１日にして成らず」といったところでしょうか。１日にして成ったら、かえっておもしろくありません。あせらずじっくり取り組みましょう。

ところで、英語をコミュニケーションの手段として考えれば、シェイクスピアの名言もいくつか知っておきたいところです。というのも、英語のネイティブにとって、シェイクスピアを知っていることはインテリの証しだからです。

「この人はただ英語ができるわけではなくて、古典もよく知っている」と一目置かれ、いい人脈を築くきっかけになるかもしれません。

ここでは次の２つを紹介しましょう。

「The worst is not, So long as we can say, “This is the worst.”」
（「今が最悪」と言えるあいだは、最悪ではない）『リア王』

「There is nothing either good or bad, but thinking makes it so.」
（世の中には幸も不幸もない。ただ、考え方一つだ）『ハムレット』

英語に限らず、外国に行く機会があったら、その国の古典を少しでもかじっておくと、いいことがあるようです。

私の知人で、若いときにイタリアに留学した人がいるのですが、着いた直後にある会に出席したときのこと、会話がまだできなかったので、大学でちょっとだけ勉強したダンテの『神曲』の冒頭部分を暗唱したそうです。そうしたら、周囲の扱いが「単なる若造」から「若きインテリ」に急変したといいます。

日本に来た外国人が、『平家物語』の冒頭の「祇園精舎の鐘の声、諸行無常の響きあり……」なんて暗唱したら、私たちもびっくりして一目置くことでしょう。それと同じことです。

書く力をつける（ライティング）

「これは使える！」という英文をストックしておく

リスニングでインプットしたことをスピーキングでアウトプットするのと同じように、リーディングでインプットしたことはライティングでアウトプットしましょう。

カタカナが並んでわかりにくくなってしまいましたが、要するに、英語を読む力が向上したら、英語を書いてみることにも挑戦しようということです。

同じアウトプットであるスピーキングで大事なのは、ネイティブの英語を真似することでした。それと同じように、ライティングにおいても模倣が大事。ネイティブの人が書いた文章を手本にして、真似をしていくのが上達の近道です。

私は以前、海外の知人から手紙をもらうと、読んだあと、重要な部分は赤鉛筆で下線を引き、使えそうな文章は青鉛筆で囲ってからノートに記録していくという方法をとっていました。こうして模倣に励んでいたのです。

しかし、今はＥメールやＳＮＳが手紙に取って代わりました。面倒なことをしなくても、今ならその場ですぐにコピーができます。いい表現だ、使えそうな言い回しだと思ったら、ぜひコピーしてストックしておきましょう。

ＳＮＳならば、相手と自分との直接のやりとりだけでなく、外国人同士のコメントも見ることができます。「なるほど、誕生日のお祝いにはこういう言い方があるんだ」「感謝の気持ちを表すだけでも、さまざまな言い回しがあるんだな」と感じたら、やはりストックをしておきましょう。

そして、自分がメールやコメントを書くときにそれを使うのです。

極端なことをいえば、メールやＳＮＳのコメントは、それだけでもいいくらいです。もっとほかに知りたければ、いくらでもネットで調べられますので、それもまた真似していけばいいだけの話です。

英文メールのテンプレートのような本も出ていますので、どんどん使いましょう。遠慮することはありません。真似ばかりしていたら恥ずかしいなどと思う必要は、これっぽっちもありません。重要なのは、自分の言いたいことを相手に通じさせること。逆にいえば、ライティングというのは、インターネットや本のテンプレートを活用する程度の能力があれば十分かもしれません。

もしかすると、相手には「この人の文章は、アメリカ英語とイギリス英語がごっちゃになっている」と感じられることがあるかもしれません。でも、通じればいいじゃありませんか。外国人が、硬い文語調の日本語と、日常の口語的な日本語を交ぜて書いたとしても、私たちがそれほど気にしないのと同じことです。

完璧な英語を目指すよりも、理解される英語を書くことのほうが先決です。

凝った文章よりもシンプルな文章で

英語の初心者にありがちなのは、英文を格好よく難しく書こうとすることです。ところが、それが往々にして相手に通じません。それよりも、中学生にもわかるようなシンプルな文章を書くことを目指しましょう。分詞構文のような凝った文章を書く必要は、まったくありません。

大切なのは、誤解の生じる余地がないように書くことです。とくに、イエスかノーかがわからないようだと、ビジネスでは致命的です。相手に格好いいと思われるかどうかではなくて、意図がきちんと伝わることのほうがずっと大事なのです。

もちろん、趣味で英文学や言語学に興味があるという人は別ですが、そうではない大多数の人にとっては、シンプルな文を書くに越したことはありません。

私が医学生だったとき、「英語の論文は中学英語で書け」ということを先生方に言われました。難しい文法を使えば使うほど、論文を査読する人にも、ほかの研究者にも正確に伝わらなくなってしまいます。

具体的にどうすればいいかといえば、一つひとつの文を短くして、主語と述語が1つの文にひと揃いになるようにすること。そして、「this」や「that」という代名詞は極力控えて、何を指しているのかを具体的に書くことです。

私たちのような、かなり厳しい学術的なところでさえそう言われるのですから、一般のビジネスの世界、ましてや友人同士のやりとりで、複雑な文型を使う必要はないのです。

単語力をつける

大人の脳は「連合記憶」で覚える

大人の英語でも、やはり単語力は不可欠です。リスニングでニュースや映画の音声を聞き流すにしても、リーディングでネット記事を読むにしても、ある程度の単語力がないと意味がつかめません。
「でも、若いときと違って物覚えが悪くなってきたことを実感している。単語を覚える自信なんてないなあ」
そう言う方もいるでしょう。
確かに、記憶力を含む私たちの認知能力は、加齢とともに下がっていくことは否定できません。子どものころは機械的に次々と丸暗記できたのに、年を重ねるとそうはいかなくなるのです。
では、どうしたらよいのでしょうか。それは単語を機械的に丸暗記するのではなく、「連合記憶」を活用して覚えることです。連合記憶は、すでに脳内にある記憶と結びつくので、新しく覚える情報量も少なくてすみます。その分、少ないエネルギ一でたくさんのことを覚えられるわけです。

連合記憶を活用すれば、人生経験が長く、脳内の情報が多い大人のほうが、子どもより有利であることがおわかりでしょう。まさに大人向きの記憶法ではありませんか。

たとえば、「distribute」という動詞は「分配する」で、「contribute」という動詞は「貢献する」という意味だと丸暗記しようとすると、ごっちゃになってしまい、なかなか覚えられません。そこで連合記憶の出番です。一つの方法として、ここでは英語の語源にさかのぼって考えてみましょう。

２つの単語に共通する「tribute」は、「賛辞、貢ぎ物」という意味の名詞です。音楽ＣＤなどで、功績のある作曲家や歌手を称賛するという意味で、その人の曲を集めたものをトリビュート盤と呼ぶことがありますね。

そして、「dis」というのは反対や否定を意味する接頭辞ですから、「dis + tribute」は「特定の人に貢ぐ」ことの反対で「みんなに配る」という意味になるのだと理解できるわけです。

同様に、「contribute」の「con」はラテン語で「with」の意味だから、「con + tribute」は「賛辞に伴う、貢ぎ物と一緒に出す」という意味で、「貢献する、寄付する」という意味が出てきたのだろうと考えるわけです。

こうすれば、学生時代に別々に丸暗記してきた単語も、連合記憶で効率的に覚えることができるわけです。

最近になって、こうして語源から覚える本として『英単語の語源図鑑』（かんき出版）がベストセラーになったのも、大人で英語をやり直す人が増えたことと関係があるのでしょう。

語呂合わせで覚えるのも連合記憶の活用の一つです。英単語ではありませんが、２の平方根「1.41421356……」を「一夜一夜に人見頃」と覚えるのは、まさにそれです。英単語を語呂合わせで覚える本もあり、『英単語連想記憶術』（青春出版社）は私自身もずいぶんお世話になりました。

日本語の語呂合わせで英語を覚えるというと、くだらないとか邪道だと思う人がいるかもしれませんが、それよりも、楽しく覚えられることのほうが重要です。なかには、かなり無理やりなダジャレもあって、クスッと笑えるものが多いのもご愛嬌です。

暗記ものは寝る前がおすすめ

単語の記憶には、１日のうちでも適した時間というのがあります。というのも、記憶の忘却というのは、攪乱《かくらん》要因が関係してくるからです。

つまり、気が散る要因が周囲にあると、なかなか記憶が定着しないわけです。昼間は、訪問客や宅配便があったり、ＳＮＳのメッセージや電話があったりと、気が散る要素が多いため、集中して暗記することができにくくなってしまいます。その点、夜ならば周囲が静かなことが多いので、集中して覚えられるというわけです。

もちろん、個人の性格や住んでいる環境に差がありますから、必ずしも夜にやるべきというわけではありません。ただ、気が散らない環境で覚えたほうが効果的だということはいえるでしょう。

暗記に費やすのは15分でも20分でもいいので、時間の長さよりも毎日の習慣化を心がけてください。日曜日に１時間英単語を覚えて、平日はまったくやらないで、また日曜日にやるというよりも、日々少しずつでも取り組むほうが効果的です。

繰り返しが何よりも大事であり、それが脳のネットワークを定着させることにつながり、脳の可塑性を上げるのです。

私が英単語を覚えるときに活用した教材は、前の項でも紹介した『英単語連想記憶術』と『英単語の語源図鑑』でした。こうした教材を、ただ前から順に読んでいくというのでも悪くないのですが、私の場合、まずその日に覚えたい単語の範囲を５個でも10個でも決めたら、最初は主要な解説の部分だけに目を通していきます。コラムや類義語の紹介のような付属的な解説は、このときは読みません。

そうして、ひとまず英単語とその意味を覚えたら、次にもう一度はじめからじっくりと読み直します。そのときは、付属的な解説もあわせて読んでいくようにするのです。

このやり方は、リスニングで紹介した乱聴と精聴、リーディングで紹介した乱読と精読に通じるやり方です。

私が思うに、こうしたやり方は芸術家も同じような気がします。彫刻家が人間の像を彫るときに、最初からいきなり顔の表情を精緻に彫っていくという人はごく少数派でしょう。たいていの場合、まず全体の輪郭を定めてから、少しずつ細かい部分を彫っていくという手順をとると思います。そうしたほうが、全体のバランスがとれるはずです。

分野は違いますが、ものごとを理解する手順も、それと同様だと思うのです。まずぼんやりでもいいから全体像や概要を把握して、そのあとで細かい部分まで正確に理解するという順序が理に適っているのではないでしょうか。

そして、実際に単語を覚えるときは、ただ本を黙読するだけでなく、できるだけ声を出して読み、手を使って書くことが効果的です。体を使うことで、さらに確固なものとして脳に刻むことができます。私の場合、謙遜ではなくて、かなり記憶能力が低いので、英単語を覚えるときは、書いて書いて、読んで読んで覚えるようにしました。

ところで、英単語のような暗記ものは夜がいいと書きましたが、それ以外の一般的な勉強は、１日のうちで一番頭が働く時間にやるのがいいでしょう。

私の個人的な感想では、早朝が一番頭が働いている時間です。英会話にしても仕事にしても、早朝なら15分でできることが、８時過ぎの午前中になると30分くらいかかり、午後では１時間かかり、夜になると２時間も３時間もかかるという印象です。

同じことをするにしても、時間によって頭の働き方が変わり、効率も変わってくるわけです。ですから、とくに頭を使う創造的な活動については、私は早朝に起きて片づけるようにしています。

脳の研究では、頭がよく働くのは朝なのか夜なのか、以前から論争があって結論は出ていません。ただ、私が知っている会社のトップや研究者のトップという方々の多くは、ほとんどが超朝型です。そんなことからも朝型を試してみてはいかがでしょうか。もちろん個人差もあるので、最終的には自分に合う時間帯を探してみるのがいいと思います。

最低3回繰り返すといい理由

単語を一度覚えたら絶対に忘れないという人は、ほとんどいないでしょう。記憶というものは時間がたつにつれてどんどんと脳から消え去ってしまいます。ですから私たち凡人は、記憶を定着させるために何度も何度も繰り返して復習することが必要になってくるのです。

記憶の変化については、心理学で有名なエビングハウスの忘却曲線というものがあります。ドイツ人のヘルマン・エビングハウスという学者による理論で、一度記憶したことを再び覚え直すのにどれだけ負担がかかるのかを示した曲線です。それによると、記憶してから１日後覚え直すのは６割以上の負担がかかりますが、それ以後の負担はゆるやかになるというのです。

このことから、覚えた単語を忘れないようにするには、覚えた直後はこまめに繰り返し、その後は多少時間を空けてからまた復習することが効率的だということがわかります。

具体的には、覚えて５分ほどしたら繰り返し、それを最低３回は繰り返すのがいいと思います。時間があれば、５回でも10回でも繰り返すのがいいでしょう。そして、翌日になったら、もう１回か２回は繰り返す。さらに、５日ほどしたら、もう一度見直すことも大切です。

私が受験勉強をしていたときは、当日の範囲に取りかかる前に、まず前日と前々日にやったところを復習していました。そして当日の勉強をしたあとで、翌日の範囲を少し見ておくというところまでが１セット。これを毎日繰り返していました。

脳のしくみから考えると、新規の情報を入れるよりも既知の情報を復習するほうが、記憶への定着が高まるので、当時の私のやり方は理に適っていたわけです。

今でも英語の学習は、基本的に同じようにしています。具体的な時間の割りあてをいうと、全体の時間の２割ほどを復習にあて、７割を当日の学習にあて、残りの１割を翌日の予習にあてるようなイメージです。さらに、10日ほどたったところで、復習だけの日をつくっています。

人間の記憶力など、たかが知れていますし、そもそも私は自分の記憶力に自信がないので、むやみに新しいことに取り組むよりも、一度やったことを確実に覚えようと思っています。せっかく覚えたことを忘れるのは、もったいないではありませんか。

エビングハウスの忘却曲線

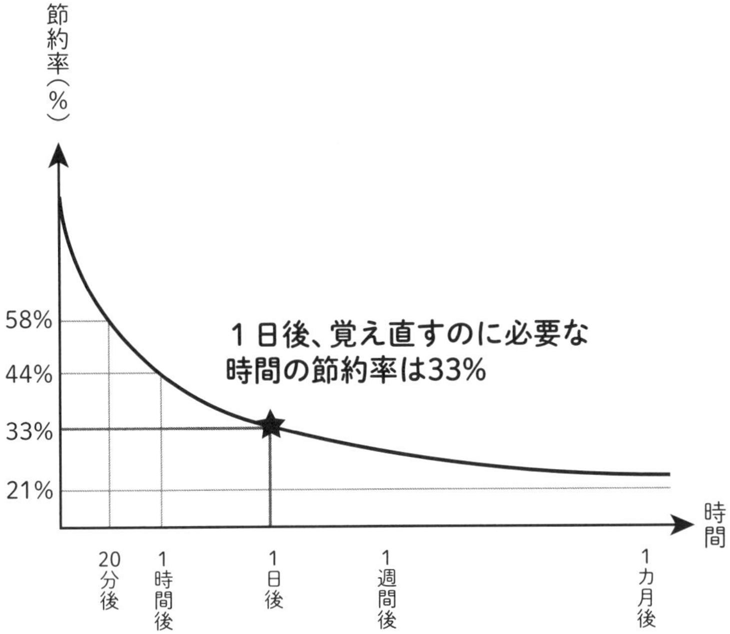

英語習得の基本

やさしすぎず、難しすぎない教材を選ぶ

教材の選び方も、大人の英語にとって重要なポイントです。選ぶ基準は難易度が第一ですが、そのほかに自分との相性もあります。絵が多いほうがいいという人もいるでしょうし、理屈がしっかりと書かれているほうがいいという人もいるでしょう。

教材選びには時間を惜しんではいけないと思います。本屋に足を運んで、いろいろとくらべていくと、自然と目が肥えてきます。

難易度については、心理学でいうヴィゴツキーの発達の最近接領域の理論が参考になります。それによると、人が能力を伸ばすときには、簡単すぎることをやっても伸びず、難しいことをやっても伸びないというのです。

大人の英語のやり直しでいえば、「This is a pen.」からはじまるようなラジオ講座の入門英会話ではやさしすぎて役に立ちません。かといって、いきなりＢＢＣを流しても上達しません。その中間のほどよいところを、どうやって見つけるかが大切な

のです。

そして、少しずつレベルを上げて、最終的に高度な内容を習得しようというわけです。

具体的には、４割から６割くらいがわかるというレベルが適切だと思います。その教材や素材を使って、８割ほどを理解できるところまで持っていくのが理想です。それができたら、次にまた４～６割できる教材や素材を使って８割まで理解できるようにする。それを繰り返すのがいいでしょう。

あれこれ手出しするより、1、2冊の教材を繰り返す

気に入った教材が見つかったら、それを徹底的に隅々まで使いつくすのが私のやり方です。逆に、いくつもの教材を次々に替えていくのは、あまり効率的でないと思います。新しいものにどんどん手を出してしまうと、どれも中途半端になってしまい、頭に残らないからです。

受験勉強をして東大や医学部に合格した人もまた、問題集を数多くこなすのではなく、同じ問題集を何度も何度も繰り返す人が多いといわれています。あまり目移りをせずに、気に入った教材をとことん使いつくすことを考えてみるといいと思います。

もちろん、実際に使ってみないとわからないこともあります。店頭で気に入って買ってきても、途中で自分に合わないと気づくということもあるでしょう。そのときは、無理をしないで新しい教材にチェンジすればいいのです。

そんなことがあってもいいように、一度に３冊ほど買ってみるのもいいでしょう。結局１冊は使わなかったということになっても構わないと思います。せいぜい2000円から、高くても3000円くらいなので、それは投資だと割り切りましょう。

地方の方で近くに本屋がないときは、本屋のある都市に出たときに、時間をとって探すことをおすすめします。どうしても時間がない人は、インターネットで買うのもしかたがないでしょう。

最近では、何ページ分かを読める本もありますので、それを見たり、レビューを参考にしたりして、自分に合うかどうか判断しましょう。その場合も、投資だと思って３冊ほど買ってみて、実際に使うのは１冊か２冊でも構わないと思います。

「いつでも、どこでも勉強できる」ようにする

学生時代、こんな経験はありませんでしたか。家で「さあ勉強をしよう！」と思い立ったのはいいけれど、エアコンをつけ

たり、トイレに行ったり、自分の部屋まで歩いて行ったりするうちに、いつのまにかやる気が失せてしまったという経験です。

部屋の掃除や片づけでも、同じようなことを経験する人も多いでしょう。

せっかくやる気が出たのに、はじめることができないというのは大きな機会損失です。

ではどうすればいいかといえば、はじめるまでに手間や時間がかかるのがいけないのですから、やる気になったときに、いつでもすぐにとりかかれる態勢をつくればいいのです。

そこで私は、「すぐはじめられるセット」を常に持ち歩くようにしています。いつでも思い立ったときに、英語に触れられるよう、ポッドキャスト専用アプリをインストールしたスマートフォンとワイヤレスイヤホンを持参し、しかもスイッチオンしたら、すぐにＣＮＮやＢＢＣなどのポッドキャストが聴けるように前もって設定しています。

以前ならば重い参考書や辞書を持ち歩く必要があったのですが、技術の進歩によってその必要もなくなりました。

これがあるだけで、電車に乗っているときや待ち時間などの隙間時間に、ポッドキャストに登録されているニュースを聴くことができます。

ただ、「隙間時間にやらなくてはいけない」という考えを持つ必要はありません。疲れていれば寝ればいいのです。

やらなければいけないと思うとストレスになり、疲れて頭に入らないとなると、さらにストレスになってしまいます。それでは意味がありません。そんな状態で無理に移動時間に英語を聴いても、脳が快の状態にないのですから、身につきません。

ところで、「いつでもできる」ようにするだけでなく、「どこでもできる」ようにすることも大切です。

「私は書斎にこもって勉強するのが好き」「静かな図書館でないと集中できない」というように、特定の環境がないとできないというのは、裏を返せばそれ以外の環境ではできないということです。これでは、残念ながら機会損失となる可能性が大です。

私が以前、東大に入った学生の親御さんを取材したときに興味深かったのは、リビングルームで勉強させていた家が多かったことでした。これは、勉強しようと思い立ったときに、その場ですぐにできることを意味しています。

人は、嫌だと思う前にパッとできることが大事です。子ども部屋に勉強道具を置いていたら、歩いているうちにもう嫌になってしまう可能性も十分にあります。思い立ったら0.1秒ではじめられるという環境が、お子さんを東大に入れた秘訣の一つだったのかもしれません。

大人の場合ももちろん同じ。喫茶店であれ図書館であれ、ど

「勉強道具」は常に持ち歩く

こでもはじめられると、楽しめると思います。

これは慣れのようなもので、騒がしいところで集中すると、だんだん集中力がついてくるものです。どれだけまわりで騒ごうが電話が鳴ろうがテレビがついていようが、そこに集中すればいいわけです。

大切なことは、何かをはじめようと思ったときに、はじめるまでのハードルをなるべく低くするということ。ハードルが高いと、それを乗り越えるのが面倒になってやる気を失っていくからです。

この章のまとめ

- ☑「ピーナッツバター→ピナバラ」など、発音をそのままカタカナで覚える。
- ☑最初は標準的な英語を話す人から学び、その後いろいろな人の英語に触れるようにすることで聴き取り力がアップする。
- ☑人生も英語も「場数」が大切。そのためには実際に英語を話す「アウトプット」の機会をつくる。
- ☑ライティングにも模倣を取り入れる。使えそうな英文はストックしておき、アレンジして活用する。
- ☑大人の脳は機械的な暗記が苦手。単語は語源や語呂合わせなどの連合記憶として覚える。
- ☑常に英語の教材を持ち歩き、勉強に取りかかる心理的、物理的なハードルを下げる。

Chapter 4

英語で脳が若返る！
人生がもっと楽しくなる！

英語を学び続けることのメリット

英語ができることで人脈も知識も広がっていく

英語が使える人は、ネイティブ以外も含めて、世界で何十億人といます。好むと好まざるとにかかわらず、英語は世界の共通語といえます。

英語を習得すれば、それだけの人たちとコミュニケーションができる可能性があるわけです。日本語だけのコミュニケーションとはくらべものになりません。

その分だけ、さまざまな背景や知識を持つ人々と知り合って素晴らしい人脈をつくったり、いろいろな情報を手に入れたりすることが可能になるのです。

ものすごく上手に話せなくてもいいのです。ある程度のレベルまで習得して、意思を通じ合うことができさえすれば、海外で仕事や旅行をするたびに人脈や知識が広がっていくことでしょう。

私自身も、こんな経験があります。

海外のホテルのロビーにはよくピアノが置いてあります。日本では装飾品のような扱いで弾いてはいけないことがほとんどですが、海外では自由に弾いていいことになっています。今から約10年前、私が学会に出かけた先のホテルで、ベートーベンのピアノ・ソナタをたくみに弾いている年配の男性がいました。

その人が弾き終えたのち、私は自分が練習して暗譜していた短い曲を弾きました。その後、２人で簡単な会話を英語で交わしたところ、相手も自分と同じ学会に参加しているということがわかりました。

そこで最後に名刺交換をしたところ、なんとその人は、その分野の世界的権威だったのです。

そんな人と偶然知り合いになり、その後も交流が続いています。

もちろん、ピアノが好きだったからという縁もあったのでしょうが、英語でコミュニケーションがとれなかったら、そこまでの縁はできなかったことでしょう。

英語がほんの少しできるだけで、世の中が大きく広がっていくという、いい例だと思います。

海外でのトラブルを英語が救ってくれた

また、つい最近も、英語を知っていて助かったということがありました。

学会で韓国に行ったのですが、その翌日には朝早くに息子の学校行事があったために、急いで帰国しなくてはなりませんでした。

ソウルを訪れるには、仁川《インチョン》空港と金《キン》浦《ポ》空港という2つの空港があり、これは東京の成田空港と羽田空港のような関係になっています。つまり、国際線は仁川空港がメインなので、私はすっかり帰りの便が仁川空港から飛ぶものだとばかり思い込んでいました。ところが、最近では羽田空港からも国際線が飛ぶようになったのと同様に、金浦空港から飛ぶ国際線も増えており、まさに私が乗る飛行機がそうだったのです。

時間ギリギリにソウル市内の会場を出た私は、駅のホームで発車間際の空港行きの電車に飛び乗りました。それはちょうど仁川空港までノンストップの電車でした。

これで一安心と思い、車内で念のため航空券を確認したら、なんと私が乗る飛行機は金浦空港発ではありませんか。金浦空港駅は路線の途中にあるのですが、電車は仁川までノンストップですから、もちろん停まりません。

あわてて電車のスタッフに相談したのですが、英語がほとんど通じません。どうやら仁川空港駅に着いたら、普通列車で折り返すといいと言っているようですが、もともと時間ギリギリなので、はたして間に合うかどうか。間に合わないとその日のうちに日本に帰れません。

途方に暮れていたら、私の席の後ろにいた韓国人の男性が、たまたま英語が堪能な方でした。
「金浦空港に行きたいんですか。じゃあ、僕に任せて！」
そして、その人はスマートフォンとにらめっこしながら、こう教えてくれました。
「普通列車で折り返していたら間に合わない……よし、高速バスなら間に合う！　でも、仁川空港の中は複雑だから、僕がついていきますよ！」
そういって、一緒に高速バス乗り場まで走ってくれたのです。
こうして、金浦空港行きの高速バスに発車３秒前に飛び乗ることができました。何度もお礼を言ったのはもちろんです。
バスの車内では、これまた運良く前の席に非番のキャビンアテンダントさんがいて、乗りたい飛行機を私が英語で告げると、どの停留所で降りればよいかを教えてくれました。
こうして、タイムリミットだという７分前にゲートにたどり着いて、奇跡的に搭乗することができました。おかげで、翌日の息子の学校行事にも出席できたのです。
もし、このときに私が英語を話せなければ、どうなっていたことでしょうか。にっちもさっちも行かず、乗り遅れていたことは間違いありません。
「英語ができるって、なんと素晴らしいことなんだろう。英語を勉強してきてよかった！」
帰りの機内で、しみじみそう感じた体験でした。

AI時代に英語を学ぶ意味

近年のＡＩ技術の進歩はめざましいもので、書かれた文章をインターネットで翻訳するだけでなく、会話を即座に通訳してくれる便利な翻訳機も登場しています。

今後もさらに翻訳精度が向上するだろうことを想像すると、近い将来には英語を習得する必要がなくなるのではないかと考える人もいるでしょう。でも、私はそうはならないと思います。

というのも、言葉というのは単なる事実を伝えるだけでなく、その人の感情も伝えるコミュニケーションツールだからです。

面と向かって相手とやりとりをするのと、翻訳機に向かって話してそれをスピーカーで聞いてもらうのとは、まったく同じではありません。事実は同様に伝えることはできるでしょうが、細かい感情まで同じように伝えられるとは思えません。やはり、直接話をしないことには、円滑なコミュニケーションはとれません。

実は、通訳付きの学会というのがたまにあって、そんな感想を持つことがあるのです。確かに、自分の知らない言語の場合はありがたいのですが、逆にやりづらいときもあります。

せっかく通訳をしてくれる方には申し訳ないのですが、私が話すのと相手の答えとのあいだにタイムラグが生じるために、打てば響くようなコミュニケーションというのは、なかなか望めません。ネイティブでなくてもお互いに英語が話せるとわかっていれば、英語のほうがずっと円滑に話が進みます。

ましてや、懇親会や雑談のような場ではそうでしょう。いくら音声翻訳機が進歩しても、会話の輪のなかで１人だけ機械を通じて話していては、ちっとも場が盛り上がらないような気がします。

もちろん、こうした機械の機能自体は素晴らしいものですし、これを補助的に使うのは意味があることだと思います。旅先でチケットを購入したり、買い物をしたりするときのように、手っ取り早く事実だけを伝えたいときには役に立つでしょう。翻訳機を使うことで海外旅行の楽しさを知り、次回までに頑張って英語を身につけようと決意するきっかけになれば、言うことはありません。

いずれにしても、自分の英語のスキルを上げて悪いことは何もありません。いいことが100だとしたら、悪いことはゼロ。しかも、翻訳機に頼りきっていると、電源が切れたときや万一盗まれたときにお手上げになってしまいます。ＡＩ時代であっても、やはり英語を学ぶことは、メリットが多いといえるでしょう。

コミュニケーションが旅を何倍もおもしろくする

近年はＶＲ（バーチャルリアリティ）の技術が進歩して、仮想の体験であるのに、まるで自分が実際に体験したかのような錯覚に陥ってしまうことがあります。

私がこの本でおすすめしている海外旅行も、ＶＲですますことができるじゃないかという人もいることでしょう。インターネットでは、世界中で撮られた写真を見ることができますし、Google ストリートビューを使えば、実際に旅行に出なくても地図上で位置を指定しただけで世界中の景色が見られます。もう、それだけで現地を歩いたような気になってしまうかもしれません。

わざわざ高いお金を払って旅行に行かなくても、パソコンやタブレットの画面で体験できるのだから、それで満足してしまう人がいても不思議ではありません。

しかし、旅行というのは景色や建物を見るだけなのでしょうか。いや、けっしてそうではありません。旅先でさまざまな人と出会って、コミュニケーションすることこそが旅の醍醐味ではないでしょうか。

しかも、欧米、中国、インド、アフリカ、東南アジアなど、生まれ育った環境が違えば、人の性格や考え方も違ってきます。旅先で自分とは異なる価値観を持っている人に出会って、コミュニケーションをとれば、必ずそこにカルチャーショックを感じることでしょう。

日本では当たり前と思っていたことが、ほかの土地では非常識だということもあります。もちろん、その逆もあるでしょう。そのたびに、私たちは驚いたり恥ずかしく感じたりするわけです。

でも、よく考えてみると、カルチャーショックを受けるということは、そこで新しい考え方を１つ知ることでもあります。そう考えれば、カルチャーショックが自分を成長させるということができるでしょう。そして、カルチャーショックの数が多ければ多いほど、人生を豊かにするといってよいのではないでしょうか。

さまざまな価値観を身につければ、自分の考え方ややり方が絶対ではないことがわかり、他人を思いやることができるようになります。多様性の大切さも、おのずと理解できるようになるでしょう。

こうした体験は、単に自分の人格を磨くという効用があるだけでなく、もっと実用的な側面もあります。多様な価値観を知ることで、仕事にもプラスになるはずです。たとえば、高齢者にも外国人にも病気の人にも、多くの人に受け入れられる商品を企画できるようになるに違いありません。

そのためにもバーチャルではない実体験は欠かせません。そして、世界中のあちこちで実体験を重ねるために、英語は非常に有用なコミュニケーションツールになるのです。

英語学習は認知症予防ともかかわっている!?

突然ですが、私たち脳医学者にとって大きな関心事の一つが認知症です。中高年の人にとっても、将来の認知症リスクは気がかりでしょう。

認知症というのは、単に記憶力や判断力が衰えるというだけでなく、生命存続の危機につながる病気です。というのも、認知機能が低下すると、薬や食べ物を適切にとれない、火気や危険物の管理ができなくなる、転倒して骨折したまま寝たきりになるなどといった症状が起きてくるからです。もちろん、家族や知人など、周囲の人にも大きな負担を与えてしまいます。

ですから、いかにして認知症にならずに健康寿命をまっとうできるか、誰もが関心を持たざるをえないのが現実だと思います。

そこで英語の話に戻るのですが、実は英語の学習が認知症予防に関係ありそうだということが、さまざまな研究から推測できるのです。

その理由を説明する前に、認知症の中でも、その発症原因の7割近くを占めるアルツハイマー病（アルツハイマー型認知症）について簡単に解説しましょう。

アルツハイマー病は、脳内にアミロイドβ《ベータ》という異常なたんぱく質が蓄積していくことからはじまり、しだいに脳の神経細胞が破壊されていき、約20年たったところで認知機能障害が発症するという経過をたどります。

ですから、80歳で認知症を発症した人は、50代後半から60代のころに、すでにアルツハイマー病がひそかにはじまり、アミロイドβが少しずつ蓄積していたと考えられます。どれだけ蓄積すると認知症が発症するかは、個人差があるようです。

いったん認知症を発症してしまうと、現代の医学では残念ながら元に戻すことはできません。しかし、発症する前の段階ならば、アミロイドβがある程度たまっていても、健康状態や生活習慣に注意することで、発症を遅らせたり食い止めたりできそうだということが最近の研究でわかってきました。

もちろん、まだアミロイドβがたまっていない健康な人にとっても、健康状態や生活習慣に配慮することで、認知症になるリスクを減らすことができます。

つまり、認知症はある程度予防できる病気だということがわかってきたのです。

認知症を予防するための3つの習慣

認知症を予防する効果的な習慣として、運動、コミュニケーション、趣味・好奇心の３つが大切だといわれています。それぞれについて、簡単に説明しましょう。

◎運動……毎日 30 分程度の散歩でいい

運動といっても、本格的なスポーツをする必要はありません。Chapter ２で説明したように、毎日 30 分程度の散歩でも十分に効果があります。若い人なら、息が弾むくらいの早歩きがいいでしょう。軽く負荷をかけるくらいの運動によって、脳内の記憶の中枢である海馬の神経細胞が新しく生まれてくるのを促進し、記憶も感情も整えられます。

激しい運動をする必要はありません。早朝のランニングや激しい筋トレが悪いとはいいませんが、急に負荷をかけると、心臓や肺や関節に負担がかかって、事故につながる恐れがありますので注意が必要です。

私はよく、駅やビルなどでエスカレーターを使わずに階段を使っていますが、これだけでもずいぶん違います。また、階段を見ると１段飛ばししないと気がすまなくなっています。家でスクワットするのもいいのですが、同じような効果が得られるならば、室内で黙々とやるよりも、移動中に楽しくやったほうがいいと思うのです。

◎コミュニケーション……さまざまな人と会話する

コミュニケーションというのは、相手の言葉や表情、しぐさから相手の気持ちを理解して、適切な言葉を投げかけるのが基本です。ですから、かなり脳を使う行動であるといえます。

現在、高齢者のひとり暮らしが社会問題になっていますが、ひとり暮らしになっても家に閉じこもるのではなく、外に出てさまざまな人と会って会話をすることが脳の活性化につながります。

◎趣味・好奇心……ワクワク感が大事

趣味・好奇心というのは、自分がワクワクできるものを持とうということです。コレクションのような趣味でもいいのですが、写真や旅行のような趣味ならば、外に出て歩くために運動にもなります。友人や知人、あるいは出先で知り合った人などとコミュニケーションをとる機会も出てくるでしょうから、効果は一石二鳥にも三鳥にもなります。

この３つの習慣を兼ね備えたものとして、海外旅行というのは認知症予防に最適だと私は考えています。

第一に、海外に限らず旅行というのは、普段とは違った環境に身を置くために、脳に対していい刺激になります。そして、旅行先では写真、山登り、美術館めぐり、工芸品や陶磁器収集などなど、楽しい趣味を追求することになります。そもそも旅行自体が趣味という人も多いでしょう。しかも、英語ができるようになれば、海外旅行にも気軽に行けるようになり、さらに好奇心の幅が広がってきます。

同時に、旅行をしていると歩くことが多いので、かなりの運動になることは間違いありません。

さらに、旅先では当然いろいろな人とコミュニケーションをとることでしょう。ひと言もしゃべらないで帰ってくる人はいないと思います。

つまり、運動、コミュニケーション、趣味・好奇心という、認知症予防の３つの要素をすべて満たすのが旅行なのです。しかも、英語を好きになって海外に旅行をすれば、脳に与える刺激は何倍にもなります。

英語の勉強は、最高の認知症予防法だった！

英語を習得しようとすること自体もまた、認知症予防につながる効果があります。それは、新しいことがらを積極的に学ぶことで、脳自体が認知症になりにくい性質をもってくるためです。

Chapter 1では、私たちが新しいことを学ぶたびに、脳の神経細胞のネットワークが密になっていくと述べました。脳の容量が変わらなくても、ネットワークが密になればなるほど、知力が蓄積されていきます。そして、何かの事故でどこかの回路が切れても、別の回路を迂回して情報を届けることができます。つまり、脳は使うほど成長させることができるのです。これが前にも述べた脳の「可塑性」です。

脳を使うことによって新たな脳の回路ができれば、もし脳内の一部にアミロイドβが蓄積して、その周辺の神経細胞が死滅してしまっても、先ほど述べたように別の回路を経由して同じことができます。つまり、アルツハイマー病がある程度進行しても、認知症の症状が出にくくなるわけです。

こうして発症を遅らせているあいだに、天寿をまっとうできれば理想的ではありませんか。そのために、脳を使ってどんどん成長させること、つまり新しいことがらを積極的に学ぶことは、認知症予防に意味があるのです。

ところが、せっかくつくった脳の神経細胞のネットワークも、使わない回路は壊されていきます。

脳を活性化させる趣味や勉強

ですから、定年退職したからといって毎日ぼんやりしていると、認知症のリスクは増大してしまいます。また、たとえ勉強をしたとしても、単調なことの繰り返しでは新しい神経細胞の回路はできません。理想は、脳に対して常に新鮮な刺激を与えることです。

学会での研究報告によれば、語学の学習、楽器演奏、ダンスがいいとされています。語学と楽器演奏については、それまでにない新鮮な体験だからかもしれません。ダンスについては、頭を使いながら運動をする点が効果的ではないかといわれています。

学んだ英語を台無しにする残念な習慣

一方で、せっかく学んだ英語を台無しにしてしまう生活習慣があります。

それが、喫煙、飲酒、肥満、ストレス、睡眠不足です。

◎喫煙……体も脳も酸欠にするのでぜひ禁煙を

喫煙は、「百害あって一利なし」といってよいでしょう。たばこの煙には何千種類という有害物質が含まれており、それが肺にある肺胞といわれる細かい部屋の壁を壊してしまうのです。その結果、肺の重要な働きである酸素と二酸化炭素の交換ができなくなり、体全体が酸欠状態になります。

とくに脳は、全身の中でも大量に酸素を消費していますので、酸素の欠乏は死活問題です。神経細胞の働きが低下したり、脳の血流が悪化したりすることで、記憶力をはじめとする認知機能が低下してしまうのです。

◎飲酒……タイプ別に対策を。飲める人でも控えめに

飲酒については、100％ダメというわけではありませんが、やはり飲み過ぎはいけません。アルコールをとると、肝臓がアルコールを分解する過程で、アセトアルデヒドという毒性の強い物質が生じます。それが血流に乗って脳まで達することで、脳の萎縮を引き起こすといわれているためです。

日本人には、このアルデヒドを分解する酵素の活性が高い人、活性が低い人、活性がない人の３つのタイプがあり、一説にはそれぞれ56％、40％、４％存在しています。

いわゆる「お酒の強い人」は、アルデヒド分解酵素の活性が高いタイプです。このタイプの方は、悪酔いしない程度の適量を飲むのはいいでしょう。

アルデヒド分解酵素の活性が弱いタイプは、飲んでいくうちに顔が赤くなる人です。このタイプの人は、酒に強くなろうとしないで、ほどほどに抑えておいたほうがいいでしょう。毎日飲み続けていると、脳へのダメージが強くなってしまいます。

アルデヒド分解酵素の活性がないタイプは、飲んですぐに顔が真っ赤になったり、気分が悪くなる人です。このタイプの人は飲酒を避けましょう。

◎肥満……動脈硬化につながることは避ける

中年男性に多い内臓脂肪型の肥満はメタボリック症候群につながり、動脈硬化を促して糖尿病や高血圧症などの生活習慣病のリスクを高めることはご存じでしょう。動脈硬化は脳や心臓の血管系に悪影響をもたらし、脳梗塞をはじめとするさまざまな病気の引き金になります。

　また、肥満は高齢期の認知症のリスクを上げるともいわれています。ぜひとも避けたいものです。

◎ストレス、睡眠不足……海馬にダメージを与える

　脳の健康を考えるときに忘れられがちなのが、精神的なストレスです。人間関係のストレス、仕事上のストレス、将来への不安からくるストレスなど、現代はストレスだらけの社会といってもいいかもしれません。ストレスいっぱいで夜も眠れないという人もいることでしょう。

　そうした状態が続けば、学習意欲が減退したり、思考力や記憶力が低下したりすることは、経験的にもおわかりと思います。それは、海馬が萎縮しているからかもしれません。ストレスが脳に与える影響は、数多くの研究でも証明されています。

「忙しいから」であきらめてはもったいない！

「英語が大事なのはよくわかっている。でも、今はやることがいっぱいあって、英語を勉強している暇がない……」

　そういって英語に取りかかるのを先延ばしにしている人もいることでしょう。

あるいは逆に、英語を本気でやり直すために、これまで楽しんできた趣味や習い事をやめるという人もいるかもしれません。

本当にそうでしょうか。私は、忙しいから英語をあきらめるというのも、英語のためにほかのことをやめるというのも、どちらももったいないと思うのです。

私事ですが、私が英会話をはじめたのは、ピアノ演奏を久しぶりに再開し、運転する車もオートマチック車からマニュアル車に戻したときとほぼ同時でした。しかも、臨床医としてひどく忙しい時期だったのです。

そんな無茶なと思われるかもしれません。私もちょっとだけ「大丈夫かな」という不安はありました。

しかし、それは杞憂《きゆう》に終わりました。いや、むしろ正反対で、どれもがいい結果になったのです。

英語とピアノが相乗効果をもたらしたことは、すでに書いた通りです。ピアノのおかげで英語の音の聴き分けがうまくなり、次には英語の上達に合わせてピアノの音がよく聞こえるようになりました。

車の運転も奇妙な感触でした。忘れていたマニュアル車の運転の感覚が戻っただけでなく、運転をすると以前よりもずっと頭がすっきりすることを短期間で実感したのです。

本当に不思議な体験でした。

もしかすると、英語、ピアノ演奏、マニュアル車の運転というのは、似たような脳の回路が働いているのかもしれません。脳医学的に確かめられるかどうかわかりませんが、脳のいろいろなところで一気に回線が張り直されたようなイメージです。

せっかく回路の張り直しをするならば、ちょこまかと１つずつ間に合わせで直すのではなく、広い範囲を一気に直したほうがきれいに仕上がるということかもしれません。

私はこの体験から、何かをはじめるときには、「忙しいから無理」と考えるのではなく、むしろ同時にいろいろなことに取り組むことで、すべてが伸びる可能性があるということを学びました。

少なくとも大人の学習に限っては、「二《に》兎《と》を追う者は一兎をも得ず」ではなく、二兎を追う者は二兎を得て、三兎を追う者は三兎を得る可能性があるのです。

ですから、極端なことをいうと、何かを思い立ったら、暇でも忙しくてもいいから、その日に必ずはじめることです。脳の可塑性は１年１年、さらにいうと１日１日少しずつ落ちていくので、少しでも可塑性が高いうちにはじめたほうがいいからです。

やるとやらないとでは大違い。ゼロと１の差は無限大です。どの年代でもそれなりの可塑性があるのですから、20 歳の人でも 50 歳の人でも 80 歳の人でも、思い立ったその日からはじめてほしいと思います。

「続ける」ためのモチベーションを保つには

最初こそ、「英語がうまくなるまで頑張るぞ！」とやる気満々でも、そのやる気がずっと続いていくとは限りません。ダイエットでも同じですが、最初のモチベーションを保つのは難しいものです。

英語を続けていくうちに、挫折しそうなときも出てくるでしょう。

そんなときはどうすればよいでしょうか。

くじけそうになっているときに、「英語ができれば人生が豊かになる」とか「英語をマスターして世界を股にかけるぞ」といった遠い目標を持ち出しても、なかなか自分を説得できないかもしれません。

それならば、人間の根源的な欲求に戻ってみるのが一番単純な方法だと思います。いっそのこと目標をもっと卑近なものにしてしまえばいいのです。

「英語を話せたらカッコいい！」

まずは、これでいいんじゃないでしょうか。きれいごとや大義名分を考えてもしかたありません。他人に報告するわけでもなく、自分で自分にやる気を出させるのですから、あけすけでいいのです。恥じ入る必要はありません。

人には、「自分をよく見せたい」「人に認められたい」「異性の目を引きたい」という本能的な欲求があり、心理学的には「承認欲求」と呼ばれています。モチベーションの一つとして、この承認欲求を満たすことを考えていいと思います。

ダイエットでもそうでしょう。内臓脂肪が多いからやせなくてはいけないという人もいるでしょうが、それよりもやせたら格好よく見られる、きれいに見られるという部分が多いのではないでしょうか。

仕事で英語を学んでいる人ならば、海外からやってきたお客様と英語でやりとりしたい、あるいはやりとりしているところを見てもらいたいというのでいいのです。格好をつけることはありません。逆に、海外に出張したときに、ネイティブの人に軽く見られたくないというのもありでしょう。

もう一つのモチベーションとしては、英語を身につけることで給与アップが期待できるということも当然あると思います。あるいは、英語ができることで業務の選択肢が広がったり、起業して働けるというメリットを考えて、やる気を保つというのもあります。

こう書いてくると、続けるモチベーションを保つためには、他人からよく見られるか、あるいはお金がもらえるかを目標にするという身も蓋もない話になりますが、それはけっして悪いことではないと思います。この２つは人間の行動原理の基本です。

とりあえず、短期的にやる気を出すためにそこを目標にしつつ、軌道に乗ったらさらに将来の自分を思い描いていくのがいいのではないでしょうか。

子どもを英語好きにさせるたった1つの方法

日本のグローバル化は、今後もますます進んでいくことでしょう。英語を勉強するかしないかという議論はもう意味がなく、英語を使いこなすのが当たり前の時代になりつつあります。

そうなると、小さいお子さんがいる方は、自分だけでなく子どもの将来についても心配になってくることでしょう。どうすれば子どもが英語を習得できるようになるのか、悩んでいる方もいらっしゃることでしょう。

その点、親であるあなたが英語に親しんでいると、子どもも興味を持つ可能性が高いといえます。これも英語習得のメリットの一つといってよいでしょう。

そして、子どもを英語好きにしようとしたら、親が英語を楽しむことが第一だと思います。親が楽しんでいる様子を見れば、子どももそんなものだと思ってくれるでしょう。逆に、親が英語で苦しんでいる様子を見せていては、子どもは英語に親しみを持てなくなってしまいます。

そこで私がおすすめしたいのは、生の英語が話されている現場を子どもに見せることです。

たとえば海外出張の多い私の知人は、子どもの学校の休みとタイミングが合うときなどに、たまに子どもを海外に連れていくことがあるそうです。生の海外の姿を見せるためであり、英語に触れる機会をつくるためだそうで、もちろん家族の旅費は本人が負担しているそうですが、そこで費用を惜しんではいけないと言っていました。とはいえ、日本できちんとした英語を一定期間教えてもらうよりも、よほど安上がりだと思います。

私も、英語がけっして特別なものでないことを示すために、自分が英語をしゃべっている姿を、なるべく子どもに見せるようにしています。子どもに対して「英語を勉強する」という意識を持たせないようにして、あくまでも日本国内では味わえない体験をしてもらいたいからです。

先日、台湾に旅行に行った折に、タクシーをチャーターしたのですが、運転手さんは日本語がしゃべれない人だったので、ひたすら英語でコミュニケーションをとっていました。それを息子がずっと横で見ていることで、英語というのはいかに生きた言語かというのがわかったのではないかと思います。

その成果なのか、幼いなりに英語はコミュニケーションツールであることを理解してくれているようです。学校で英語のテストを受けるようになる前から、そういうことをしていれば、英語が苦痛だという先入観を持つことはないと思います。

知り合いの会社員の方は、英語に興味を持たせたいということで、大型連休やお盆の時期になると、航空券が高くて大変と言いながら、日本に近い英語圏に家族で旅行に出かけています。先日はグアムに行ってきたと言っていました。

台湾では私とタクシー運転手だけが会話をしていたわけですが、グアムのように周囲がみな実際に英語を使っている地域だと、より効果的だと思います。英語が座学ではなく、生きたコミュニケーションツールだと認識できることでしょう。

親はお金がかかって大変ですが、子どもにとっては本を読むだけでは味わえない、貴重な経験になることでしょう。

「その国の言葉が話せる」ことはやっぱり強い

旅行に出ると、ほんの少し英語ができるかどうかで、食べたいものが食べられるかどうか、行きたいところに行けるかどうかに差が出てしまいます。そう考えると、改めて言葉とはすごいものだと再認識せざるをえません。

旅行だけをとってみても、英語が話せなくては日本からのツアーに参加するしかありませんが、話せれば現地でフリーの旅行ができます。ツアーでは日本人の友だちができるかもしれませんが、日本人の友だちならば日本でもつくれます。

フリーの旅行ならば、現地の人と触れ合うことで、素晴らしい経験ができるはずです。買い物は自分の好きな時間に好きなだけできます。旅の楽しさは何十倍にもなるでしょう。

私の知り合いで、かつて海外留学をさせてもらったお礼を兼ねて、両親を連れて３週間のヨーロッパ旅行をしたという人がいます。もちろんフリーの旅行で、ホテルも自分で手配。移動は鉄道とバス。ときには失敗もあったようですが、旅先で見たものだけでなく、出会った人たちとの交流が楽しかったようで、その後ずっと親子で顔を合わせるたびに、そのときの話で盛り上がるのだとのこと。

そのお父さんは旅行の数年後に亡くなったのですが、最後まで「あの旅行に行っておいてよかった」と話していたそうです。

さらにいえば、英語が公用語でない国では、その国の言葉ができるかどうかで、これまた旅の印象が大きく変わってきます。

私の同僚で、英語、イタリア語、フランス語、ドイツ語、中国語の５カ国語が話せる人がいました。とくに、英語、イタリア語、フランス語が堪能でした。

私がその方と一緒にイタリアの学会に行ったときのことです。イタリアでは、ホテルや駅ではそこそこ英語が通じますが、小さな売店に行くと最低限しか通じないことがよくありました。

ある日、フィレンツェの町で軽食をとろうと店に入ったところ、やはり私の英語がうまく通じません。そこで彼が店の人にイタリア語で話しかけたとたんに、店の人の表情が一変しました。まさにあれが破顔一笑というのでしょう。

おそらく、「あなたはイタリア語が話せるのか！」と言っていたのだと思います。ああだこうだと話しかけてきて、ひどく盛り上がりました。しまいには、何かサービスにつけてもらった記憶があります。今でも、このときの楽しさはありありと脳裏によみがえってきます。

私は彼を見て、現地の言葉をしゃべれるのは、ものすごく大事なことだと痛感しました。英語だけではこうはいかなかったでしょうし、翻訳機を通じたイタリア語でもこうはいかなかったことでしょう。語学を知っているということは、人生を豊かにするものだとしみじみと感じました。

数カ国語話せる人は、特別な人ではない!?

５カ国語を話せる同僚のことを話題にすると、「英語がそこそこできるようになるだけで大変なのに、5カ国語も話せるなんて信じられない。特別な人ではないか？」という反応がよく返ってきます。

ところがその同僚によれば、1つの言語を習得すると、ほかの言語習得のハードルがどんどん下がっていくというのです。この話は印象的でした。

私自身、英語以外というと、大学で習ったドイツ語が少しわかるくらいで、残念ながらそのほかの言語はほとんどできません。そこで、彼の話の受け売りになるのですが、示唆にとんだ話なので紹介することにしましょう。

たくさん言語を知っていると、新しい言語を学んだときに、「ああ、これはあの言葉のこういう性質と同じだ」ということが出てきて、英語にはじめて出会ったときのような驚きは少ないのだそうです。

私たちは中学校で英語をはじめて学んだとき、日本語とのあまりの違いに驚きました。発音も語順もまったく違いますし、動詞の三人称単数現在形には、なぜかsが付くという規則があります。

一番疑問だったのは、冠詞（定冠詞のthe、不定冠詞のa）でした。日本語にない品詞なので、その意味や用法を理解するには、ずいぶん時間がかかったものです。今でも厳密に理解しきれたとはいえませんが、少なくとも慣れてきました。

そこで次にフランス語やドイツ語を学んでみると、やはり冠詞があることを知ります。でも、このときはもう冠詞アレルギーはないでしょう。「ああ、これは英語の the にあたるものか」と考えればさほど難しくありません。ハードルが少し下がったわけです。

ところが、フランス語やドイツ語には、英語にはない名詞の性別というのがあって、そこで日本人は驚きます。また、動詞は人称ごとに細かく変化するので、それもちょっと厄介です。

その後に、ロシア語を学ぶと、名詞の性別も動詞の変化もありますが、もはやそれには驚かなくなります。「フランス語やドイツ語と同じだな」と思えば、ハードルはずいぶん下がります。その一方で、名詞の格変化というものがあり、それは新たに学ばなくてはなりません。また、文字は同じものもありますが、違うものもあって少しだけ面倒です。

さらにアラビア語を学ぼうとすると、字そのものが違いますし、右から左へ書くのも違います。文法もやさしくはありませんが、名詞に性別があって格変化もすること、動詞が人称ごとに変化することは、もう驚きません。その点では、やはりハードルが下がっているわけです。

まったく外国語を勉強したことがなく、いきなりアラビア語を勉強することになったら、それは大変でしょう。しかし、こうして順々に学んでくれば、周囲が思うほど大変ではないのだそうです。

さらに、言語が変わっても学習のしかたは大きく変わることはありません。辞書はこう引けばいいとか、単語や文法はこう調べるといいといった「戦略」は、似たりよったりなのです。

ですから、私たちが最初に出会う英語に対する戦略が、ほかの言語でも通用するわけです。言語によって戦略に多少の違いはあるかもしれませんが、言語の数が増えていけば、やはり「この言語に対する戦略は、あの言語と近い」といったことがわかるでしょう。

私はまだ英語以外の言語に本格的に取り組んではいませんが、余裕ができたならぜひフランス語やイタリア語にチャレンジしてみたいと思っています。

さまざまな言語を学ぶことで得られる相乗効果

ところで、そのフランス語、イタリア語、スペイン語などは、ラテン語が先祖の言葉です。ラテン語というのは、動物の学名や元素記号をはじめ、理科系の学問のさまざまな分野で専門用語として使われています。ですから、私のような医学を専門とする人間にも、なじみ深い語彙がたくさんあります。

おもしろい例では、恐竜の一種にブラキオサウルス（Brachiosaurus）という大型の草食恐竜がいましたが、この「ブラキオ」というのが、ラテン語や古代ギリシャ語で「腕」を意味するそうなのです。「サウルス」は同様に「トカゲ」の意味ですから、つまり「腕（の長い）トカゲ」ということなのでしょう。

腕を意味するブラキオは、フランス語では「ブラ（bras）」、イタリア語では「ブラッチョ（braccio）」、スペイン語では「ブラソ（brazo）」といいます。先祖がラテン語だから似ているのは当然ですが、こういうことを知っているだけでも、語学を学ぶときのハードルは下がりそうです。

また、英語で使われている解剖学用語や病名の多くは、ラテン語を起源としていますから、意外と私もラテン語系の言葉に縁がありそうです。こんな調子ならば、私も臆することなくフランス語やイタリア語、スペイン語が学べそうな気がします。

じゃあ、中国語はどうかというと、漢字は日本人にとってなじみ深いものですから、簡体字であっても学習はそう難しくないでしょう。一方、構造は基本的に名詞・動詞・目的語の順ですから、英語と共通しています。ですから、英語を学んだ日本人にとって、中国語はすぐに学べる言葉のような気がします。

もっとも、あの１音ごとに音の上がり下がりが決まっている「声調」（四声《しせい》）は一筋縄ではいかなそうです。声調が違うとまったく意味が通じないといいますから、そこが一番のネックになるでしょう。

もし、中国語もマスターできれば、やはり声調のあるタイ語もスムーズに入れることでしょう。とはいえ、文字は一から覚えなくてはなりません。

では、日本語のように主語・目的語・述語という言葉はないのかというと、お隣のハングル語をはじめ、モンゴル語、トルコ語、ヒンディー語などが同じ語順だそうです。

とくにハングル語とは、どちらも漢語の語彙が数多くあるという点で共通していますから、お互いに相手の言葉を学習するのは容易だとよく聞きます。韓国では漢字を使っていませんが、「学校」は「ハッキョ」、「食堂」は「シクタン」、「会社」は「フェサ」で、その反対の「社会」は「サフェ」といった具合に、ちょっと日本語とは発音は違っていますが、漢語が数多く使われているのです。

ハングルのあの文字が全然わからないという人がいますが、あれは子音と母音を組み合わせたものですから、アルファベットと同じ原理です。いくつかの基本的な形を覚えてしまえば、あとはそれらの組み合わせに過ぎません。

日本のように、たとえば同じ「か行」なのに「か・き・く・け・こ」と、まったく形に共通点のないような文字は、世界でも珍しいのです。五十音の発音ごとに、全部形が違うのですから、外国人が学習するのは大変でしょう。しかも、ひらがなだけでなくカタカナもあり、何より何千字という漢字も使います。

そんなにたくさんの文字を覚えて日本語を学習している外国人学生を思えば、私たちは「外国語は大変だ」などと弱音を吐いてはいられません。

「熱中体験」が多いほど、できることが増えていく

英語の習得に話を戻しましょう。英語が少しずつ上達していくと、結果だけでなく、そこに至る過程にこそ意味があると私は感じるようになりました。

つまり、英語でコミュニケーションができるようになるという結果も大切ですが、忙しかった30代から40代にかけての時期に、仕事の合間や移動時間といった寸暇を惜しんで英語の習得に励んだことは、なにものにも代えがたい財産になったような気がします。

１つのことをマスターするには、寝食を忘れて熱中するくらいの体験が必要だと私は思っています。いってみれば、「熱中体験」です。

実をいうと、私は昆虫が大好きです。美術も大好きで車も大

好き。そして音楽も好きですし、建築や昔の街並みも好きです。

私の性格なのですが、どれもこれも、好きなことはとことん突き詰めないとおもしろくありません。趣味や好きなことを中途半端にしておくなんて私にはできません。

そして、１つのことを突き詰めると、ほかの分野でも応用ができると感じるようになりました。勉強でも運動でも趣味でも、何か１つのことを習得するコツをつかむと、ほかの習得も早くなるようなのです。

多言語を学ぶときにも通じますが、まず自分で勉強してみて、わからなかったらインターネットで調べたり、人に聞くという手順を身につけることができます。どんな人に、どう聞けばよいかもわかります。本を調べるときも、日本語の文献だけではなくて英語でも調べるというように、習得の過程というのはどんな分野でも似ているものです。

たとえば、昆虫について徹底的に調べたいときは、一般的な図鑑だけでは足りませんから、その道のプロの人たちの話を聞いたり、あるいは英語の文献を見たりということをするわけです。車の場合にも、海外の車やクラシックカーについての詳しい情報は、市販の本や雑誌だけでは手に入らないので、英語の文献で見たり、知っている人に聞いたりということをします。

昆虫と車の趣味では、まったく違うように見えて、実は趣味を極めていくための戦略というのは、非常に似ているのです。

人に会ったり、文献を調べたりする手筈《てはず》も、だんだんとわかってきます。ですから、何かを１つ極めた経験があれば、ほかのことも極めやすくなる気はします。

一芸に秀でる人は多芸に秀でる

医者仲間を見わたしてみると、勉強だけをやってきたという人はほとんどいません。なかには、私よりはるかにピアノが上手で、音大に行くか医者になるか迷って、とりあえず医者になったという人もいます。高校時代はサッカー部のエースで、インターハイで活躍したという人もいます。そうした熱中体験があるからこそ、勉学にも打ち込めるのかもしれません。

「一芸に秀でる人は多芸に秀でる」という言葉がありますが、その理由はこんなところにあると思います。

そして、自分に熱中体験があればあるほど、ほかの人の素晴らしさや人生のすごみが見えてきます。

私はピアノが好きだということは何度も書いていますが、ときどきプロのピアニストとあちこちをまわることがあります。私が脳の発達や加齢に関する話と、楽器演奏が脳の発達や健康維持にとても有用であるという話をして、その後、ピアニストの方が演奏をされる、という講演活動です。素晴らしいキャリアを築いてきた方で、その演奏は何度聞いても心が打たれます。

それだけではありません。過去にどんな修業をしてきたのか、現在どんな練習をしているのかは、具体的には知らないものの、「血のにじむような努力」という言葉さえ中途半端に思えるくらい、大変な努力があったのだということが演奏から伝わってくるのです。

その方ほどではないにしても、私自身にもさまざまな分野で熱中体験があるため、その方がただものではないということが感覚として理解できます。

逆にそうした熱中体験を持っていないと、本当の価値というものが、なかなか理解できないのではないかと思います。心を震わすような素晴らしい演奏を聴いても、「よかった、楽しかった」くらいの感想しか持てないかもしれません。知識と知恵を兼ね備えた人の奥深い言葉を聞いても、「おもしろいことを言う、ちょっと変わった人だな」くらいにしか感じられないかもしれません。本物のよさがわからない人生なんて、寂しいではありませんか。

人生を豊かに過ごせるかどうかの一つのポイントは、**優れたものが理解できて、素晴らしいものに感動できるかどうか**ではないかと私は思っています。

そのためには、自分自身に熱中体験があるかどうかがかかわってきます。もちろん、一度にたくさんのことに熱中はできませんから、まず１つからはじめましょう。それは、英語だろうが、楽器演奏だろうが、スポーツだろうが、昆虫だろうが、鉄道模型だろうが、何でも構いません。絶対にこれは人に負けないということをまず１つつくれば、何かを成し遂げる戦略が身につき、また別の分野についてもとことん知りたくなります。

熱中体験は、間違いなく人を豊かにします。そんな体験の一つとして、ぜひ英語に熱中してほしいのです。英語をマスターすれば、英語の知識によって世界が開けることに加えて、人生全体も豊かになっていくはずです。

ライフプランを考えてわかった英語の必要性

「あなたはどのような夢を持っていますか？」

いきなりこう聞かれると、うーんとうなって答えが出てこない人もいるでしょうし、「日々の仕事や生活に追われて夢なんて考えたことがない」という人もいるかもしれません。

私はみなさんがどんな夢を持っているのかに興味があって、とくに30代から40代くらいの人に尋ねることがよくあります。

たしかに、すぐに答えを返せる人は少ないのですが、夢は持つべきだと私は思っています。

もちろん、私も聞かれたらすぐに返せるようにしています。

私の場合、夢はいくつもあるのですが、究極の目標は「北海道や沖縄のような場所で生活をして、好きなことを楽しみながら、珍しい昆虫を採集して博物館をつくりたい」というものです。

自分の好きなことを見つけるというのは非常に難しいことで、正直に言うと、私がここまで具体的に夢を思い描けるようになったのは40代になってからのことです。

私が医学部に入ったのは、もちろん脳医学の医師になって世の中に貢献したいという気持ちがあったからなのですが、それでも自分の中でずっとモヤモヤしていたものがありました。というのも、医者になるのは一つの目標だったけれども、それとはまったく別に、自分が究極に楽しいことはなんだろうと考えていたのです。

とくに、晴れた休日に薄暗いコンクリートの建物の中にいると、これは本当に自分が求めていたものとは違うのではないかという意識がどこからともなく湧いてきて、なんとも落ち着かなかったのです。

そんなある日、ふと子ども時代の自分がよみがえってきました。当時の私は、昆虫の図鑑に夢中で、しょっちゅう昆虫採集をしていたものでした。ですから、休日に天気がいいと、まず家の中にじっとしていることができなかったのです。

それを思い出して、「ああ、これが自分の人生の究極の目標なのかもしれない」と、モヤモヤの正体がようやくわかったわけです。中年にさしかかった私は、再び図鑑を買い込み、蝶を採ったり標本をつくったりすることを再開したのです。

蝶というのは、同じ種類でも生息地域によって模様が違うことがよくあります。おもしろいことに、ある南米の山の頂上にしかいない蝶と日本にいる蝶とが、似た模様をしているということがあるのです。たぶん、昔は生息地域が連続していたのに、気候変動によって分かれて残ったのかもしれません。

そんなことを想像して喜んでいる自分を見て、やはり私は昆虫に関することを究極的にやってみたいのだなと気がつきました。そして、可能ならば昆虫の博物館をつくってみたいと思ったわけです。

いわば、これが私の「ライフプラン」です。

よく考えてみると、私の仕事や趣味は、すべてこのライフプランに向けて進んできたようにも思えます。

医師免許を取得したのも、主体的に行動でき、勤務先によってはある程度時間の融通も利き、何よりもいざというときに食いはぐれがないというメリットがあります。

車の運転が好きなのは、辺《へん》鄙《ぴ》な土地でも自分の力で行ける利点がありますし、マニュアル車の運転を再開したので海外の山に行っても自分で運転できます。そして英語を身につけたことは、海外で採集をしたり、英語の文献を読むために必要不可欠です。

ピアノは好きでやっていることですが、ピアノによって英語の聴き取りも上達したことは、すでに述べた通りです。また、ピアノを通じて、確実に人脈が広がり、異業種の方とも知り合うことができました。

不思議なことに、ライフプランが明確になったことで、これまで別々にやっていたことが、すべて意味を持ってきたように思うのです。

英語をマスターすれば将来の選択肢が増える

自分の夢を実現するためのツールとして、英語は非常に有用なものだと思います。英語ができることは、人生の選択肢を増やしてくれるからです。

英語ができれば海外で仕事をすることも可能ですし、人脈をつくるにしても世界最先端の情報に接するにしても、英語が読み書きできれば有利です。もちろん、日本の会社で働いていても英語ができれば、出世ができるでしょうし、給料が増える可能性も高くなります。

これからのグローバルな時代を生きていくことを考えると、英語に限らず語学力を鍛えると非常に重要な武器になることは間違いありません。

知人から聞いた話ですが、彼がスペインを旅行していたときに、列車で30代くらいの元気なアメリカ人女性に会ったのだそうです。話を聞くと、その女性はスペイン国内を2、3年もかけて旅行しているのだとか。なんでそんなお金があるのかと不審に思って尋ねると、スペイン国内のあちこちで英語を教えながら旅をしているのだというのです。

アメリカ人だから英語は当然話せるでしょうが、それを外国人に教えるという特技を身につけたからこそ、自分の夢を実現できたのでしょう。

その知人は、日本に帰ってきてまもなく、日本語教師になるための養成講座を受け、本業のかたわら日本語の先生としても活躍していると聞いています。知人と一緒に講座を受けた人の中には、日本語の先生としてベトナムやインドネシアに赴き、現地の人たちに尊敬されたり、ツアーでは行けないような場所に連れていってもらったりして楽しい経験をした人もいるそうです。

英語ではありませんが、日本語という語学を武器にして夢を実現したわけです。もちろん、現地での日常生活や契約などには、少なくとも英語が不可欠でしょう。

英語ができれば、仕事の選択の幅が広がるだけでなく、人生の楽しさを存分に味わうことができます。人生が何倍も豊かになるのです。

英語が人生を生きる武器になる

ライフプランを立てるべきなのは、若い人に限りません。

50代、60代、70代でも、けっして遅くありません。今や、「人生100年時代」ですから、まだまだ人生を楽しむ時間はたっぷりあります。これまで夢なんて考えていなかった人も、ぜひ新たにライフプランを立てて、新しいことに取り組んでほしいと思います。

そして、ライフプランを実現する一つの手段として、英語は強力な武器になることでしょう。

もちろん、若い人にとっても英語は不可欠なツールです。

ＡＩをはじめとする技術の進歩によって、この先、社会はどう変わるか見当がつきません。30年前に、今のような時代を想像できた人はどれだけいたでしょうか。銀行や証券会社がつぶれるなどとは想像もできませんでしたし、日本の家電メーカーは世界を席巻していました。パソコンショップやレコード屋は、たくさんの客でいつも賑《にぎ》わっていたものです。

それを考えれば、これから20年、30年たったら、世の中がどう変わってもおかしくありません。大会社だって、どうなるかわかりません。そんな中で、身につけておけば必ず役に立つと思えるものの一つは、コミュニケーションツールとしての語学だと思うのです。

組織のなかでストレスに悩んでいる人、退職後の生活に不安があるという人には、ぜひ考えていただきたいのです。年金や投資もあてにできない今、じっと座っていても将来の希望は見えてきません。

なかには、会社からTOEICを受けろと言われて、いやいや英語の勉強をしている人も多いでしょう。でも、それではもったいないと思うのです。もっと大きな視点で、まずは自分のライフプランを考えてみてはいかがでしょうか。

本書では、大人の英語勉強法についてお話ししてきました。最後にお伝えしておきたいのは、大人の英語は「ライフプランを実現し、人生を豊かにするためのコミュニケーションツール」というマインドセットをしっかりしておくことが、上達の近道だということです。

「何のために英語を学ぶのか」と考えたとき、必要に迫られたから、強制されたからといった受け身の姿勢ではなく、自分の人生を豊かにするために、自分が学びたくてやっているのだという積極的な姿勢に変わることが大切なのです。
「会社に言われてしかたなくやっている」と考えるよりも、「人生を豊かにしてくれる英語の習得に、会社が勉強代まで出して協力してくれるなんてありがたい！」と感謝するくらいのほうが、俄然《がぜん》やる気も出てきます。
実際、語学をマスターしていれば、それが強みとなって、よりよい仕事を求めて転職もできますし、組織に縛られずに生きていく手段にもなります。語学に秀でることで何者にも縛られることなく、自分の夢を実現できる可能性が広がります。語学があれば、ライフプランの幅が広がるのは間違いありません。
しかも、英語を学ぶ過程で脳が若返り、認知症の予防もできるという効用もついてきます。こんなにお得でメリットの多い趣味はないでしょう。

かくいう私も、まだまだ夢の実現までは遠く、英語の実力ももっとつけなくてはなりません。
もちろん、英語の習得にゴールはありません。これからも楽しみながら、英語を学び続けていきたいと思います。

この章のまとめ

- ☑ 英語は世界の共通語。英語ができれば世界が広がる。
- ☑ 人とのコミュニケーションや好奇心を持つことは、認知症の予防効果がある。英語を学ぶことは認知症予防にもつながる。
- ☑ 脳は使えば使うほど活性化していく。「英語を勉強しよう」と思い立ったらすぐ行動に移す。
- ☑ 言語習得にはコツがある。英語を学ぶことで、英語以外の言語を学ぶ際のハードルが下がる。
- ☑ 英語をマスターするという「熱中体験」があると、ほかのものを習得するときにも応用できる。
- ☑ どんな人生を送りたいかという「ライフプラン」を考えたとき、英語ができることは強力な武器になる。

大人のための おすすめ英語教材

①

『英語リスニングのお医者さん【改訂新版】』

西蔭浩子著

（ジャパンタイムズ）

日本人が苦手とするリスニングの弱点を、「check out」は「チェッカウトゥ」になり、「miss you」は「ミシュ」に短縮され、「water」は「ワラー」と聞こえるなど、８つのタイプに分けて紹介。ネイティブ読みがカタカナで覚えられるのが特徴です。

リスニングが苦手だった私は、ここで紹介されている聴き取りのルールがとても参考になりました。

---

②

『英単語の語源図鑑』

清水建二・すずきひろし著

（かんき出版）

名詞や動詞が語源にさかのぼって覚えられます。

たとえば、「promote」という単語は、「pro（前に）＋ mote（動く）」だから、「前に動く」、つまり「促進する」「昇進させる」という意味に。言葉の概念を示したイラストもわかりやすい。

同じ見開きでは、「emotion」「remote」「remove」などの関連語が出てくるので、１つを覚えると無理なくいくつもの単語が覚えられます。

---

③ 

『英単語連想記憶術』シリーズ

武藤騤雄著

（青春出版社）

難しい英単語を語呂合わせで覚える本。

たとえば、「compromise（妥協する）」という単語は、「混む（com）風呂（pro）、まぁいずこ（mise）も同じと妥協する」という具合。くだらないと思えるものほどよく覚えます。

今でも、医学用語で「immuno-compromised（免疫低下）」という用語を見かけると、混んでいる風呂の様子が目に浮かんできます。

著者紹介

瀧靖之　（たき　やすゆき）
東北大学加齢医学研究所教授。医師。医学博士。
1970年生まれ。東北大学大学院医学系研究科博士課程修了。
東北大学加齢医学研究所機能画像医学研究分野教授。東北大学東北メディカル・メガバンク機構教授。
MRI画像を用いたデータベースを作成し、脳の発達や加齢のメカニズムを明らかにする研究に従事。著書に『生涯健康脳』『脳はあきらめない！』『16万人の脳画像を見てきた脳医学者が教える「賢い子」に育てる究極のコツ』などがある。
本書は、著者自身が30歳を過ぎてから本格的に英語に取り組んだ経験をもとに、脳医学的に正しい英語学習法をまとめた１冊。

脳《のう》が忘《わす》れない　英語《えいご》の「超《ちょう》」勉強法《べんきょうほう》

2020年３月20日　第１刷

著　　者　瀧《たき》　靖《やす》之《ゆき》

発 行 者　小澤源太郎

責任編集　株式会社　プライム涌光
電話　編集部　03(3203)2850

発 行 所　株式会社　青春出版社
東京都新宿区若松町12番１号 〒162-0056
振替番号　00190-7-98602
電話　営業部　03(3207)1916

印　刷　中央精版印刷　　製　本　フォーネット社

万一、落丁、乱丁がありました節は、お取りかえします。
ISBN978-4-413-23151-0 C0082